GUÍA DE BRUJAS EN ESPAÑOL

Todo lo que Querías Saber Detrás del Mito de las Brujas

DARREN SIMS

© Copyright 2022 – Darren Sims - Todos los derechos reservados.

Este documento está orientado a proporcionar información exacta y confiable con respecto al tema tratado. La publicación se vende con la idea de que el editor no tiene la obligación de prestar servicios oficialmente autorizados o de otro modo calificados. Si es necesario un consejo legal o profesional, se debe consultar con un individuo practicado en la profesión.

- Tomado de una Declaración de Principios que fue aceptada y aprobada por unanimidad por un Comité del Colegio de Abogados de Estados Unidos y un Comité de Editores y Asociaciones.

De ninguna manera es legal reproducir, duplicar o transmitir cualquier parte de este documento en forma electrónica o impresa.

La grabación de esta publicación está estrictamente prohibida y no se permite el almacenamiento de este documento a menos que cuente con el permiso por escrito del editor. Todos los derechos reservados.

La información provista en este documento es considerada veraz y coherente, en el sentido de que cualquier responsabilidad, en términos de falta de atención o de otro tipo, por el uso o abuso de cualquier política, proceso o dirección contenida en el mismo, es responsabilidad absoluta y exclusiva del lector receptor. Bajo ninguna circunstancia se responsabilizará legalmente al editor por cualquier reparación, daño o pérdida monetaria como consecuencia de la información contenida en este documento, ya sea directa o indirectamente.

Los autores respectivos poseen todos los derechos de autor que no pertenecen al editor.

La información contenida en este documento se ofrece únicamente con fines informativos, y es universal como tal. La presentación de la información se realiza sin contrato y sin ningún tipo de garantía endosada.

El uso de marcas comerciales en este documento carece de consentimiento, y la publicación de la marca comercial no tiene ni el permiso ni el respaldo del propietario de la misma.

Todas las marcas comerciales dentro de este libro se usan solo para fines de aclaración y pertenecen a sus propietarios, quienes no están relacionados con este documento.

Índice

Introducción	vii
1. Las brujas, una historia contada en cinco grandes características	1
2. Una bruja causa daño por medios extraños	19
3. Una bruja es una amenaza interna para una comunidad	35
4. La bruja trabaja dentro de una tradición	41
5. La bruja es malvada	51
6. La bruja puede ser resistida	57
7. Síntesis y diferencias	89
8. Diferentes tipos de brujería y magia	97
9. Las estaciones de la bruja	127
Conclusión	155

Introducción

Hace siglos, los inquisidores y cazadores de brujas que ejecutaban a las brujas como sirvientes del Diablo creían que estaban haciendo un servicio a Dios y a la humanidad. Imaginaban una sociedad libre de brujería, a la que consideraban una herejía, una lacra, un mal y una plaga. Hoy se asombrarían al ver que la brujería -con mayúscula- se ha convertido en una de las religiones de más rápido crecimiento en la cultura occidental. ¿Cómo se ha producido este giro de 180 grados?

El camino que va de la brujería a la espiritualidad es muy pintoresco y está lleno de secretos, giros, rituales y personalidades atractivas. En su corto medio siglo como religión, la brujería tiene una historia que rivaliza con la de cualquiera de las grandes religiones del

Introducción

mundo en cuanto a dramatismo, intriga, patetismo y triunfo. La brujería ha ocupado su lugar en el teatro religioso ecuménico. Tradicionalmente, la brujería -con w minúscula- es una forma de hechicería, relacionada con los conjuros y la adivinación.

La bruja mágica, la bruja hechicera, no practicaba una religión de brujería, sino que practicaba un arte mágico, transmitido por familias o enseñado por adeptos. Las brujas nunca han gozado de buena reputación. Casi universalmente, desde la antigüedad, la brujería se ha asociado con la malevolencia y el mal. Se cree que las brujas no hacen nada bueno, que están interesadas en causar estragos y llevar la miseria a los demás. Los individuos que utilizaban las artes mágicas para adivinar y curar a menudo se esforzaban por llamarse a sí mismos de otra manera que "bruja".

En el cristianismo, la brujería se interpretó como un servicio al Diablo en su plan de subvertir y destruir las almas. La histeria de las brujas se extendió por Europa, Gran Bretaña e incluso las colonias americanas, y fue aprovechada por la Iglesia para eliminar sectas religiosas rivales, enemigos políticos y parias sociales. Entre los siglos XIV y XVIII, miles de personas -quizá cientos de miles- fueron torturadas, encarceladas, mutiladas y ejecutadas acusadas de brujería. Muchos de ellos eran inocentes, inculpados por enemigos perso-

Introducción

nales o torturados para que confesaran. Contaban historias espeluznantes sobre la firma de pactos con el Diablo en sangre, sobre la entrega de demonios en forma de animales familiares que cumplirían sus malévolas órdenes y sobre la asistencia a horribles fiestas llamadas sabbats, en las que besaban el ano del Diablo y asaban bebés para comer. Ninguno de estos relatos fue nunca corroborado por los hechos, pero sirvieron como prueba suficiente para condenar a quienes los confesaron.

Los acusados también admitieron haber hecho el mal a sus familias, amigos, vecinos, rivales y enemigos. No se sabe hasta qué punto era cierto. Las prácticas de magia popular formaban parte de la vida cotidiana, y lanzar un hechizo contra alguien, especialmente para reparar un mal, era algo habitual. Dado que la mayoría de las confesiones se obtenían bajo el miedo y la tortura, es probable que se derramen muchas falsedades y exageraciones. En las colonias americanas, los puritanos estaban obsesionados con el mal y creían que el diablo los había seguido a través del océano desde Inglaterra para destruirlos. No es de extrañar que esta paranoia desembocara en la caza de brujas, incluida la de Salem, Massachusetts, en 1692, cuando las historias de niñas histéricas fueron suficientes para enviar a la gente a la muerte. El estigma sobre la brujería que dejaron la

Introducción

Inquisición y la caza de brujas perdura hasta hoy, perpetuado por escabrosas películas y novelas de brujas devoradoras de bebés y adoradores de Satanás reunidos en círculos a la luz de las velas entonando siniestros cánticos. La brujería como religión nació en Gran Bretaña después de la Segunda Guerra Mundial y salió del armario cuando se derogaron las leyes antibrujería en 1953. Se argumenta que Gerald B. Gardner, el hombre que más o menos inventó la religión, debería haber elegido otro término además de brujería para la mezcla de material pagano, mágico ceremonial y oculto que reunió. Quizás brujería sonaba a secreto, exótico y prohibido. Sin duda, tocó la fibra sensible del público, que de repente no se cansaba de las brujas.

Puede que Gardner no imaginara un movimiento religioso mundial, pero eso es lo que ocurrió, primero con la exportación de la brujería a Estados Unidos, Canadá y Europa, y luego a todo el mundo.

La "tradición Gardner", como se conoció, mutó rápidamente en ramificaciones. Una tradición espiritual que reinventaba las deidades y los rituales paganos, combinada con la magia popular y la magia ceremonial, resultó ser lo que mucha gente quería. Alienados por los secos y crujientes rituales y el sombrío dogma del cristianismo y el judaísmo patriarcales, la gente

Introducción

estaba hambrienta de una espiritualidad fresca y creativa. La brujería -así como el renacido paganismo y las reconstrucciones de las tradiciones precristianas y no cristianas- ofrecían precisamente eso, además de independencia, autonomía, conexión con la naturaleza y contacto directo con lo divino. No había necesidad de sacerdotes, ministros y clérigos entrometidos que custodiaran las puertas de la Divinidad, ni de la otra vida. Otro atractivo era la importancia que se daba al aspecto femenino de la deidad: la diosa. Y la sensualidad era honrada y celebrada, no castigada.

La religión de la brujería, junto con sus primos paganos, floreció en la floreciente contracultura de la Nueva Era de los años sesenta y setenta y luego se afianzó en los márgenes de la sociedad dominante. En los años transcurridos desde su nacimiento, la brujería ha consolidado algunos códigos, valores y creencias fundamentales. Pero en el fondo sigue siendo fluida, evolucionando constantemente en su práctica e interpretación. Sus practicantes consideran que la brujería es un camino espiritual poderoso, a la altura de todos los demás caminos místicos, espirituales y religiosos.

Existen docenas y docenas de tradiciones de brujería y paganas, y continuamente nacen otras nuevas. La brujería y el paganismo han sobrevivido a las primeras pruebas del tiempo. Los movimientos se afianzaron en la generación del baby boom. Ahora, los hijos y nietos de esas personas están creciendo como wiccanos y paganos, y nuevos jóvenes son atraídos al redil en números crecientes. Pero sigue existiendo esa molesta palabra brujería, que sigue evocando a Satán, el mal y la magia negra para muchos forasteros. Durante décadas, las brujas han discutido sobre la conveniencia de sustituir el término bruja por otro que no conlleve tanta carga negativa. Algunas han adoptado los términos Wicca y Wiccan para describirse a sí mismas y a su religión y también para distinguir quiénes son y qué hacen de la magia popular. Hoy en día, la mayoría de las brujas se mantienen firmes en los términos Bruja y Brujería, creyendo que el público puede y debe ser reeducado sobre ambos. Han avanzado, ya que las iglesias de brujería/brujería son reconocidas legalmente.

Las fiestas de la brujería han obtenido cierto reconocimiento oficial y, en Estados Unidos, los veteranos militares wiccanos han conseguido el derecho a que se coloque el pentáculo, su símbolo religioso, en sus lápidas. Los diferentes tipos y definiciones de brujería suponen un reto a la hora de elaborar una enciclopedia. En primer lugar, está la brujería, el arte mágico, que se ocupa de la brujería, la realización de hechizos para el bien o el mal, la curación y la adivinación.

Introducción

Luego está la brujería de la Inquisición, la supuesta adoración del Diablo. Y luego está la brujería como religión.

Las tres se solapan, y las tres se tratan en este volumen. La mayoría de los temas tratan de la historia y la evolución de la brujería en Occidente, aunque hay entradas de interés transcultural. Los temas incluyen folclore, casos y acontecimientos históricos, biografías, descripciones de creencias, ritos y prácticas y temas relacionados. Para la tercera edición, he añadido entradas en todas las categorías y he actualizado las entradas para reflejar los cambios y la evolución. Los estudiantes de la histeria de las brujas de Salem encontrarán biografías individuales de las principales víctimas. La brujería es un tema de interés y estudio permanente. En un sentido, se asoma a un lado sombrío de lo oculto y a las oscuras entrañas de la naturaleza humana. En otro aspecto, se abre a un reino de luz espiritual. Puede que la Iglesia nunca se disculpe oficialmente por la Inquisición, que destruyó a muchas personas además de las acusadas de brujería. Tal vez el éxito de la religión de la brujería sea una venganza kármica por una campaña de terror en nombre de la religión.

1

Las brujas, una historia contada en cinco grandes características

LA IMPORTANCIA de la búsqueda de un contexto mundial para los juicios de brujas de la Europa moderna temprana es que puede determinar qué, si es que hay algo, es específicamente europeo en esos juicios, y en las imágenes de Europa de lo que se suponía que era una bruja. Puede responder a la pregunta de si lo que ocurrió en la Europa moderna temprana fue algo inusual, en un entorno global, o simplemente la expresión regional más dramática de algo que los seres humanos han hecho en la mayoría de los lugares en la mayoría de los tiempos. Para emprender este camino, es esencial establecer desde el principio qué es lo que se busca, y cuáles son las características de la figura conocida en inglés como witch (bruja). El uso básico elegido anteriormente, de un supuesto trabajador de la magia destructiva, establece la primera y más importante característica que se atribuye a las personas que fueron procesadas en los juicios de brujas de la Europa moderna temprana: que representaban una amenaza directa para sus congéneres.

En muchos casos se creía que empleaban medios no físicos, y extraños, para causar desgracias o daños a otros seres humanos, y muy a menudo se les acusaba, además o en lugar de ello, de atentar contra los fundamentos religiosos y morales de su sociedad. La figura de la bruja, tal y como la definían esos juicios y la ideología en la que se basaban, presentaba otros cuatro rasgos distintivos.

El primero de estos cuatro rasgos era que dicha persona trabajaba para dañar a los vecinos o a los parientes, más que a los extraños, y por lo tanto era una amenaza interna para una comunidad. La segunda era que la aparición de una bruja no era un hecho aislado y único. Se esperaba que las brujas trabajaran dentro de una tradición, y que utilizaran técnicas y recursos transmitidos dentro de esa tradición, adquiriéndolos por herencia, por iniciación o por la manifestación espontánea de los poderes particulares a los que estaban vinculadas. El tercer componente del estereotipo europeo de la bruja era que esa persona era objeto de una hostilidad social generalizada, de tipo muy fuerte. Las técnicas mágicas supuestamente empleadas por las brujas nunca fueron consideradas oficialmente como un medio legítimo para perseguir enemistades o rivalidades. Siempre se trataban con ira y horror públicos, y normalmente espontáneos, y a menudo se asociaban con un odio general a la humanidad y a la sociedad y con una alianza hecha por la bruja con poderes sobrehumanos malignos sueltos en el cosmos: en el caso europeo, famosamente, mediante un pacto con el Diablo cristiano.

Por último, se acordó en general que se podía y se debía resistir a las brujas, por lo general forzándolas o convenciéndolas de que levantaran sus maldiciones; o atacándolas directamente para matarlas o herirlas; o persiguiéndolas ante la ley, con el fin de acabar con su poder mediante un castigo que podía llegar hasta la muerte legal.

Pocos expertos en los juicios de brujas de la Europa moderna, si es que hay alguno, encontrarán inaceptables esos cinco componentes definitivos de la figura de la bruja; de hecho, si hay algo problemático en ellos es probablemente su banalidad. No obstante, proporcionan una lista de características más precisa que la empleada hasta ahora, adecuada para un estudio comparativo que abarque todo el planeta. El resultado de un estudio de este tipo es, en cierto sentido, una conclusión previsible, ya que los estudiosos han hablado durante siglos de encontrar figuras muy similares a la de la bruja europea en todas las partes del mundo, y de hecho han empleado la palabra inglesa "witch" (bruja) para esas figuras. Sin embargo, se puede sugerir que se puede tener más cuidado al hacer las comparaciones necesarias, y se puede emplear una muestra más grande de material para ellas. Además, no es en absoluto seguro que la mayoría de los especialistas en el estudio de los juicios europeos consideren que tal empresa tenga algún valor. La historia de la relación entre los expertos en esos juicios y los de lo que se ha llamado brujería en otras partes del mundo es ya larga y a veces tensa, con un gran componente de distanciamiento. Hay que tener en cuenta esa historia antes de intentar esta última contribución a la misma.

En la década de 1960, un enfoque global del estudio de la figura de la bruja era prácticamente la norma entre los académicos británicos, en gran medida porque la mayoría de las investigaciones publicadas sobre la brujería durante la mitad del siglo XX fueron realizadas por antropólogos que trabajaban en sociedades extraeuropeas, sobre todo en el África subsahariana. Cuando los expertos británicos en juicios de brujas europeos surgieron a finales de la década, no sólo solían emplear datos antropológicos para interpretar las pruebas europeas, sino que reconocían que su interés por el tema se había inspirado en parte en los informes procedentes de ultramar.

Los antropólogos correspondieron con gestos de colaboración, de modo que sus conferencias y colecciones de ensayos sobre brujería incluían habitualmente ponencias de expertos en historia europea. Cuando Rodney Needham escribió su estudio sobre la bruja como arquetipo humano en 1978, utilizó datos de fuentes africanas y europeas, declarando que un enfoque comparativo era esencial para el ejercicio. Sin embargo, por aquel entonces, este punto de vista ya estaba en decadencia. No había convencido a los historiadores estadounidenses, que afirmaban que los grupos sociales "primitivos" de África se parecían poco a las culturas y sociedades más complejas de la Europa moderna temprana. Estas opiniones también afectaron a algunos antropólogos estadounidenses, que ya advertían antes de finales de la década de 1960 que el término "brujería" se estaba utilizando como etiqueta para fenómenos que diferían radicalmente entre sociedades.

Incluso en Gran Bretaña, en el momento más

álgido de la colaboración entre la historia y la antropología en este campo, destacados miembros de ambas disciplinas instaron a que dichos intercambios se llevaran a cabo con precaución.

Lo que realmente los condenó fue un cambio dentro de la propia antropología, ya que la disolución de los imperios coloniales europeos produjo una reacción contra el marco tradicional de la disciplina, que ahora se percibía como una servidora del imperialismo. Esta reacción encarnaba la hostilidad tanto a la imposición de términos y conceptos europeos en los estudios de otras sociedades como a la oferta de comparaciones entre esas sociedades que la imposición de los términos en cuestión facilitaba. La moda era volver a los análisis minuciosos de comunidades particulares, como entidades únicas, llevados a cabo en la medida de lo posible dentro de sus propios modelos lingüísticos y mentales (lo que, por supuesto, también daba un valor añadido y poder a los estudiosos individuales que reclamaban un conocimiento privilegiado de esas comunidades). Esta "nueva antropología" consciente llegó a las universidades británicas a principios de la década de 1970. En 1975, una exponente estadounidense de la misma, Hildred Geertz, publicó severas críticas contra el historiador británico que había surgido como el más distinguido practicante de la aplicación de los conceptos antropológicos al pasado de su propia nación, Keith Thomas.

Le acusó de haber adoptado categorías construidas por los británicos a partir del siglo XVIII, como armas culturales para desplegar contra otros pueblos; y cuestionó en general que las particularidades culturales pudieran formarse en conceptos generales y compararse entre periodos de tiempo y continentes. En realidad, no cuestionó el valor de las categorías académicas en sí mismas, sino que abogó por un mayor cuidado y crítica en su uso; pero Thomas convirtió el debate en una ocasión para sugerir que los historiadores occidentales debían dejar de lado las comparaciones con culturas extraeuropeas y concentrarse en sus propias sociedades, para las que su terminología era nativa y tan adecuada.

Al hacerlo, reconocía explícitamente el cambio en la antropología, admitiendo que sus practicantes se habían vuelto recelosos de utilizar conceptos occidentales para entender las culturas no occidentales y preferían emplear los de los pueblos que estaban estudiando. Aceptó que ahora deseaban reconstruir los diferentes sistemas culturales en su totalidad en lugar de emplear términos irreflexivamente utilizados por los historiadores, como "brujería", "creencia" y "magia", para establecer comparaciones entre ellos. En caso de que alguno de sus compatriotas se perdiera la idea, entre 1973 y 1976 un antropólogo con sede en la universidad de Thomas, Oxford, llamado Malcolm Crick, se encargó de recordársela, con aplicación específica a la brujería.

Crick pedía que el concepto de bruja se "disolviera en un marco de referencia más amplio", relacionando las figuras que los angloparlantes llamaban brujas con otras que encarnaban un poder extraño de diferentes tipos dentro de una sociedad determinada. También afirmó que las categorías conceptuales variaban tanto entre las culturas que la "brujería" no podía tratarse como un tema general en absoluto, y advirtió a los historiadores del material etnográfico, proclamando (sin demostrarlo realmente) que "la brujería inglesa no es como los fenómenos así etiquetados en otras culturas".

Los historiadores de la brujería europea generalmente interiorizaron este mensaje, y el número cada vez mayor de estudios sobre las creencias y los juicios de las brujas de la Edad Moderna que aparecieron a partir de finales de la década de 1970 se limitaron a los estudios transculturales dentro del mundo europeo, a veces ampliados a los colonos europeos de ultramar. Cuando algún erudito muy ocasional intentó comparar el material europeo con el africano, nunca fue alguien destacado en los estudios sobre brujería o que siguiera publicando sobre ellos.

En un artículo de 1989, titulado inflexiblemente "La historia sin la antropología", concluyó que los antropólogos habían disuadido muy eficazmente a los historiadores de seguir interesándose por su trabajo en relación con el tema de la brujería. Lo irónico de esto es que durante el mismo periodo los propios practicantes de la antropología estaban empezando a cambiar de opinión de nuevo.

En un sentido importante, nunca habían abandonado el enfoque comparativo y la terminología occidental que muchos de ellos habían criticado en la década de 1970, porque incluso aquellos que describían las prácticas mágicas de los pueblos no europeos utilizando términos nativos seguían poniendo en sus títulos expresiones inglesas como "witchcraft" y "magic". En su mayoría siguieron poniéndolas también en sus introducciones, y algunos hicieron de esas palabras el marco en el que se introducía el estudio local: conservaron su valor como moneda semántica internacional para los angloparlantes. En la década de 1990, algunos de los antropólogos más destacados empezaban a interesarse más activamente por una nueva colaboración entre su disciplina y los historiadores de Europa. Una de ellas describió la fijación de su disciplina en el trabajo de campo holístico en sociedades específicas a pequeña escala utilizando la observación participante como una "estrechez académica", que la había aislado de la historia de la religión. Otra utilizó datos del África moderna y de la Europa moderna temprana para comparar las actitudes hacia la brujería y la lepra como estrategias de rechazo, y para considerar el fenómeno de la caza de brujas.

Una tercera sugirió que las primeras imágenes modernas de la brujería estaban estrechamente relacionadas con las creencias africanas. Al hacerlo, atacó explícitamente las afirmaciones anteriores de que el término "brujería" carecía de toda validez en las comparaciones transculturales: de hecho, reafirmó tales comparaciones como un deber de su disciplina.

En 1995, un sociólogo británico, Andrew Sanders, desafió paralelamente esas afirmaciones y publicó un estudio mundial sobre la aparición de la figura de la bruja, utilizando registros históricos europeos y etnográficos modernos. El avance más significativo en este sentido se produjo entre los africanistas, que reclamaron un renovado énfasis en la comparación transcultural en los estudios sobre la brujería. Fue impulsado por una de las características más angustiosas y -para muchos- sorprendentes de los estados poscoloniales del continente, una intensificación del miedo a la brujería y de los ataques a los sospechosos de brujería como una respuesta al proceso de modernización después de la independencia: se discutirá más adelante. Los antropólogos que estudiaron este fenómeno se vieron en la necesidad de disuadir a sus colegas occidentales de atribuir la persistencia de la creencia en la brujería en África a cualquier disposición inherente a la "superstición" o al "atraso" de sus pueblos. Esta estrategia exigía un nuevo énfasis en la prevalencia de estas creencias en todo el mundo, incluso en el pasado europeo relativamente reciente, y el retorno a un método comparativo; y a mediados de la década de 1990 destacados africanistas hicieron llamamientos directos en este sentido. Típico de ellos fue un influyente estudio sobre Camerún de Peter Geschiere, que concluyó que "estas nociones, traducidas ahora en toda África como "brujería", reflejan una lucha con problemas comunes a todas las sociedades humanas". Invitó a los antropólogos a estudiar las investigaciones sobre los juicios europeos, y calificó su reciente abandono de "aún más desconcertante" que la pérdida de interés de los historiadores de Europa por los paralelos africanos.

Tras criticar a los expertos en la Europa moderna temprana que habían afirmado que las sociedades africanas modernas eran totalmente distintas a las que constituían su propio objeto de estudio, argumentó que, especialmente con sus élites dirigentes de administradores y colonos europeos coloniales, el África de principios del siglo XX había sido tan compleja social y culturalmente como la Europa del siglo XVI. Los editores de una importante colección de ensayos sobre la brujería africana podrían introducirla advirtiendo a los estudiosos que no restrinjan el estudio de las creencias brujeriles a "ninguna región del mundo ni a ningún período histórico". En los centros urbanos del África moderna, una perspectiva multicultural se había convertido en cualquier caso en algo esencial: la imagen de la brujería en el suburbio de Soweto, en Johannesburgo, por ejemplo, era en la década de 1990 una mezcla de ideas extraídas de diferentes grupos nativos con algunas traídas por los colonos holandeses e ingleses y basadas en el estereotipo europeo de principios de la Edad Moderna. Sin embargo, el acercamiento entre historiadores y antropólogos sobre esta cuestión fue una empresa extremadamente difícil.

. . .

A pesar del llamamiento realizado por algunos para el retorno del método comparativo, pocos africanistas prestaron atención en la práctica a los estudios sobre la figura de la bruja en cualquier otra parte del mundo, o en el tiempo.

Los que sí intentaron citar el material europeo de la Edad Moderna, a menudo parecían desconocer todo lo que se había publicado al respecto después de principios de la década de 1970: el florecimiento de la investigación que se había producido desde entonces, a nivel internacional, y que adoptaba formas cada vez más sofisticadas, les había pasado completamente desapercibido. En cuanto a los historiadores de la brujería, casi todos ellos habían dejado de leer antropología por considerar que sus practicantes les habían disuadido de hacerlo. Retomar el compromiso con ella después de más de dos décadas requeriría una gran cantidad de trabajo adicional de valor no probado, cuando ya estaban logrando resultados aparentemente impresionantes como consecuencia de las relaciones con una serie de otras disciplinas. En la década de 1990 estaba bastante claro por qué los africanos interesados en la brujería podrían beneficiarse de un nuevo compromiso con las comparaciones europeas, pero ni siquiera los propios antropólogos argumentaban claramente por qué los historiadores de Europa se beneficiarían de la transacción. Una ironía oculta en la situación era que la nueva historia cultural desarrollada en los años ochenta y noventa, que tuvo una profunda influencia en el estudio de la brujería europea, se derivó en parte de la antropología, pero llegó a la mayoría de los historiadores a una o dos distancias de ella.

No es de extrañar, por tanto, que los historiadores hayan ignorado en gran medida la oportunidad de un nuevo diálogo, y que los antropólogos hayan dejado de ofrecerlo.

A principios de la década de 2000, el presente autor publicó dos ensayos que llamaban la atención sobre ello y sugerían las ventajas concretas que un ejercicio comparativo de este tipo supondría para los expertos en la Europa moderna temprana. Sin embargo, han sido más citados que atendidos. En uno de los principales expertos en juicios de brujas alemanes, Wolfgang Behringer, elaboró un pesado volumen titulado Witches and Witch-Hunts: Una historia global. En la práctica, se trataba de una historia detallada e impresionante de la caza de brujas en Europa, que se intercalaba con dos rápidos estudios sobre las creencias y los procesos relativos a la brujería en el resto del mundo. El primero de ellos señalaba que lo sucedido en Europa formaba parte de un patrón global, y el segundo de ellos demostraba que la continuación de la caza de brujas no era sólo un problema en el África contemporánea, sino en muchas otras partes del planeta. Se trataba de una aplicación precisa y fructífera del método comparativo; pero el presente libro parece ser el primero en dar continuidad a su logro. El único efecto general de la creciente conciencia de un nuevo potencial de colaboración entre antropólogos e historiadores de la brujería ha sido la aparente desaparición, por ambas partes, de las afirmaciones de que dicha colaboración es en sí misma intrínsecamente indeseable; lo cual es una especie de progreso.

Algunos antropólogos han seguido utilizando material europeo, pero los historiadores de Europa no suelen devolver el cumplido. Es necesario perfeccionar la metodología si se quiere avanzar en los intentos anteriores de colaboración. Andrew Sanders se interesó principalmente por la relación entre la figura de la bruja y la búsqueda del poder a través de relaciones sociales competitivas en diferentes partes del mundo.

Como sociólogo, le preocupaban más las implicaciones y consecuencias de la creencia en la brujería para las sociedades humanas que la tenían que la naturaleza de esa creencia en sí misma. El objetivo de Wolfgang Behringer era demostrar que en la mayor parte del mundo los seres humanos se han inclinado a atribuir desgracias aparentemente extrañas a la magia maligna obrada por sus semejantes, e ilustrar las consecuencias letales que esa inclinación ha producido a menudo (y sigue produciendo). Mis propios ensayos intentaron establecer un modelo global coherente para la figura de la bruja, con características transculturales sostenidas, y propusieron uno basado en las cinco características delineadas anteriormente como fundamentales para el concepto europeo de esa figura. Lo que se intentará ahora es una aplicación más sistemática del método transcultural, en todo el planeta, comprobando esas características una por una. Para ello se utilizan estudios sobre las creencias relativas a las brujas en un total de trescientas sociedades extraeuropeas realizados entre 1890 y 2013: 170 en el África subsahariana; seis en el norte de África y Oriente Medio; treinta y siete en el sur de Asia, desde la India hasta China e Indonesia; treinta y nueve en Australia, Polinesia y Melanesia, incluida Nueva Guinea; cuarenta y uno en América del Norte (incluidos Groenlandia y el Caribe); y siete en América del Sur.

. . .

El predominio de África en la muestra refleja la cantidad de trabajo realizado allí por los antropólogos, pero también los recursos disponibles para un investigador basado en el Reino Unido, ya que muchos de estos antropólogos eran británicos. Sin embargo, hay suficientes datos del resto del mundo para poder compararlos con el material africano, y ese ejercicio puede realizarse ahora punto por punto con respecto a las características de una bruja europea enumeradas anteriormente. Las sociedades estudiadas son aquellas en las que la antropología publicada en inglés ha elegido o ha podido concentrarse, siendo por lo general relativamente sencillas y pequeñas, y estando formadas por unidades tribales. Hay una escasez de información disponible de estructuras sociales y políticas más grandes, basadas en el Estado, como las de China y Japón, que hasta cierto punto se compensará con un examen sostenido de los antiguos estados de Europa y del Cercano y Medio Oriente. No obstante, la muestra de unidades étnicas más pequeñas, en todo el mundo, es lo suficientemente grande como para que un ejercicio comparativo prometa algunas ideas generales.

2

Una bruja causa daño por medios extraños

No CABE DUDA DE QUE, en todos los continentes habitados del mundo, la mayoría de las sociedades humanas registradas han creído y temido la capacidad de algunos individuos de causar desgracias y daños a otros por medios no físicos y extraños ("mágicos"): ésta ha sido la lección más sorprendente del trabajo de campo antropológico y de la escritura de la historia extraeuropea. Un destacado historiador de la Europa moderna temprana, Robin Briggs, ha propuesto que el miedo a la brujería podría ser inherente a la humanidad: "un potencial psíquico que no podemos evitar llevar dentro de nosotros como parte de nuestra herencia a largo plazo". Desde la antropología, Peter Geschiere propuso que "las nociones, ahora traducidas en toda África como "brujería", reflejan una lucha con problemas comunes a todas las sociedades humanas".

. . .

Lo valioso de estas reflexiones es que atestiguan la verdad general de que los seres humanos tienen tradicionalmente grandes problemas para enfrentarse al concepto de azar. En general, la gente tiende a querer atribuir los sucesos de notable buena o mala suerte a un agente, ya sea humano o sobrehumano. Sin embargo, es importante destacar que los humanos malévolos han sido sólo un tipo de agente al que este rasgo ha llegado a ser conocido por los angloparlantes como "el mal de ojo".

La creencia en ella tiende a atenuar el miedo a las brujas allí donde se encuentra, que es principalmente en la mayor parte de Oriente Medio y el norte de África, desde Marruecos hasta Irán, con valores atípicos en partes de Europa y la India. Esto se debe a que se cree que forma parte de la constitución orgánica de la persona poseedora.

Como tal, es totalmente compatible con la brujería si la persona en cuestión la activa consciente y deliberadamente para hacer daño, como se cree que hacen algunos en toda su gama. Sin embargo, se cree que la mayoría de los que encarnan este poder maligno lo hacen de forma totalmente innata e involuntaria, por lo que no se les puede considerar personalmente responsables de sus efectos. La protección y los remedios para ello adoptan principalmente la forma de contramagia, incluyendo el uso de amuletos, encantos y talismanes, la recitación de oraciones y conjuros, la realización de sacrificios y peregrinaciones y la ejecución de exorcismos, y la evitación o el aplacamiento de la persona que se presume localmente que lo posee.

En toda la zona en la que es un componente importante de la creencia, se utiliza para explicar precisamente el tipo de desgracias extrañas que se achacan en otros lugares a la brujería. En la mayor parte del mundo se encuentran explicaciones alternativas para las desgracias que descartan o marginan la brujería.

Antes de los tiempos modernos, la mayor zona libre de brujas del planeta era probablemente Siberia, que abarca un tercio del hemisferio norte. En el resto del mundo, las sociedades que no creen en la brujería, o que no creen que deba tomarse muy en serio, rara vez se encuentran en concentraciones compactas, sino dispersas entre pueblos que temen intensamente a las brujas. Aunque son más raros que los grupos con un miedo importante a la brujería, están presentes en la mayoría de los continentes: los isleños de Andamán del océano Índico, los korongo de Sudán, los tallensi del norte de Ghana, los gurage de Etiopía, los mbuti de la cuenca del Congo, los fiyianos del Pacífico, las tribus de las colinas de Uttar Pradesh, los indios esclavos y sekani del noroeste de Canadá y los ngaing, mae enga, manus y daribi de Nueva Guinea son algunos ejemplos. Los ndembu, en Zambia, atribuían las desgracias a los espíritus ancestrales enfadados, pero se consideraba que éstos eran despertados por seres humanos malévolos, lo que convertía a los espíritus en agentes de las brujas. Sin embargo, eran los espíritus los que se propiciaban, mediante rituales, y así las brujas se volvían inofensivas e ignoradas.

Entre los pueblos que tienen un concepto de brujería, la intensidad con la que se teme puede variar mucho, incluso dentro de la misma región o estado. Entre los grupos étnicos del actual estado de Camerún se encuentran los banyang, los bamileke y los bakweri. Los primeros creían en las brujas, pero rara vez acusaban a alguien de serlo. Se creía que los afligidos por la magia hostil habían provocado su desgracia. Los segundos se tomaban en serio la brujería y hacían grandes esfuerzos por detectar a sus practicantes. Sin embargo, estos últimos no eran considerados responsables de sus actos y se pensaba que perdían sus poderes automáticamente al ser expuestos públicamente. El tercer pueblo temía intensamente la brujería, perseguía a sus presuntos operadores y creía que seguían siendo peligrosos y malévolos incluso cuando eran identificados, por lo que debían ser castigados directamente en proporción al daño que se pensaba que habían causado.

En la vecina Nigeria, un grupo de sociedades tribales compartían creencias teóricas muy similares sobre la existencia de las brujas, pero en la práctica los ekoi las temían, los ibibio y los ijo las temían moderadamente, y los ibo y los yakö les hacían poco caso. Asimismo, en una encuesta realizada en 1985 entre una muestra de pueblos bien estudiados del archipiélago melanesio, se descubrió que dos de ellos no creían que los humanos utilizaran la magia malévola; cinco pensaban que era un monopolio legítimo de los líderes hereditarios y que éstos la utilizaban de forma productiva para mantener el orden y llevar a cabo la guerra; veintitrés creían que dichos líderes podían utilizarla, pero que no era respetable que lo hicieran; cinco la concebían como un arma encubierta de los oprimidos, a los que se atribuía la causalidad: los demás incluyen a las deidades, a los espíritus no humanos que habitan el mundo terrestre o a los espíritus de los antepasados humanos muertos. Todos ellos, si son ofendidos por las acciones de personas individuales, o si son intrínsecamente hostiles a la raza humana, pueden infligir la muerte, la enfermedad u otras desgracias graves. Dondequiera que aparezcan, estas creencias alternativas limitan o excluyen la tendencia a atribuir el sufrimiento a la brujería. Además, muchas sociedades han creído que ciertos seres humanos tienen el poder de arruinar a otros sin intención de hacerlo, y a menudo sin saber que lo han hecho. Esto se consigue invistiendo involuntariamente una forma de palabras o una mirada con poder destructivo: en el caso de la mirada maligna, contra líderes impopulares; once la identificaron como un medio por el que los miembros ordinarios de la comunidad se perjudicaban mutuamente en secreto, pero en general consiguieron en la práctica contener las tensiones provocadas por el miedo a ella; y seis tenían la misma creencia, pero se vieron muy perturbados por las sospechas resultantes. En un mismo pueblo, la intensidad con la que se temía la brujería podía variar según el tipo de asentamiento en el que se viviera. Los mayas de la Península de Yucatán (México) odiaban en teoría a las brujas por igual durante los primeros años del siglo XX, pero los habitantes de las aldeas rara vez se inclinaban a sospechar que alguien lo fuera, mientras que la tensión era mucho mayor en las ciudades: en la capital del distrito de Dzitas, durante la década de 1930, se creía que el 10% de la población adulta había sido autora o víctima de brujería.

La identificación de una creencia en la brujería entre los pueblos extraeuropeos, por parte de un estudioso europeo, puede implicar a menudo la extracción de un elemento de una gama de conceptos nativos de magia y de tipos de mago. Los wimbum del noroeste de Camerún utilizaban tres términos para referirse a los conocimientos ocultos: bfiu, el empleo inofensivo de los poderes arcanos para la autoprotección; brii, el poder oculto utilizado de forma malévola, pero a veces simplemente como una broma; y tfu, una fuerza mágica innata operada al amparo de la oscuridad que podía utilizarse tanto para fines buenos como malos. La brujería en el sentido europeo podía abarcar algunas formas tanto de brii como de tfu, pero los wimbum también creían en una cepa especial de esta última, el tfu yibi, que consistía en matar a otros humanos mágicamente para comer su carne, y quienes la desplegaban se corresponderían precisamente con la figura de la bruja europea de principios de la era moderna. Los nalumin de las montañas del sureste de Nueva Guinea distinguían los biis de los yakop. Los primeros eran personas, en su mayoría mujeres, que mataban a otros de forma extraña, utilizando armas invisibles mientras vagaban en cuerpo de espíritu, para comer la carne de sus víctimas en festines comunales. La segunda era una técnica, utilizada principalmente por mujeres, que consistía en matar enterrando restos personales de la víctima prevista - restos de comida, recortes de uñas y pelo - con hechizos.

Sin embargo, se creía que los dos métodos eran combinados a veces por el mismo individuo, y cualquiera que se considerara que utilizaba cualquiera de los dos correspondería a la figura europea de la bruja; que es, de hecho, como los interpretó el antropólogo que realizó el estudio.

Un último ejemplo de esta equivalencia lo proporciona la provincia de Tlaxcala, en el centro de México, donde los nativos rurales temían a los tetlachiwike, personas de ambos sexos que hacían daño con un toque o una mirada (el equivalente local al mal de ojo o al toque); tlawelpochime, personas, en su mayoría mujeres, que chupaban la sangre de los niños y así los mataban, y causaban daño a los seres humanos y a sus cultivos o ganado; tetzitazcs, hombres que podían hacer llover o granizar; tetlachihuics, magos que se creía que tenían poderes que podían ser utilizados para el bien o para el mal; y el náhuatl, una persona de cualquier sexo que se transformaba en forma de animal para hacer daño o gastar bromas. Los tetlachihuics eran generalmente respetados, y muy empleados para la curación y otros servicios mágicos, aunque a veces eran asesinados si se pensaba que habían utilizado sus habilidades para matar: aquí, como en otras partes de este libro, el término "asesinato" se utiliza en su sentido legal preciso de homicidio no oficial y no sancionado. Se creía que el náhuatl que cambiaba de forma empleaba sus poderes de transformación para robar o violar, así como para infligir bromas pesadas, pero no inspiraba el miedo y el odio que se concedía al tlawelpochime asesino de niños. Los nativos de habla hispana llamaban a esta última bruja o brujo, y la consideraban intrínsecamente maligna y asociada al diablo cristiano.

Wim van Binsbergen, al comentar las complejidades de la creencia en la magia entre los africanos en 2001, todavía podía concluir con respecto a la brujería que "lo sorprendente no es tanto la variación en el continente africano, sino la convergencia". Adam Ashforth, al estudiar las actitudes hacia la magia destructiva y sus presuntos autores en el moderno municipio de Soweto, cerca de Johannesburgo, decidió que tenía que utilizar los términos "brujería" y "brujo" porque "no hay forma de evitarlos".

Ambas conclusiones se reproducen aquí, a escala mundial.

Hay muchos casos de sociedades extraeuropeas que han manifestado, al menos en el momento del estudio, un temor endémico a la brujería más intenso que cualquiera registrado en Europa. Los habitantes de Dobu, un grupo de islas cerca de la costa de Nueva Guinea, no tenían ningún concepto de la desgracia, y achacaban todos los percances a las brujas. Los dobu nunca iban solos a ningún sitio por miedo a ser más vulnerables a ellas. En la década de 1980, entre una pequeña tribu de Nueva Guinea, los gebusi, alrededor del 60% de los hombres de mediana edad habían matado al menos a una persona -la mayoría dentro de su propia comunidad- en venganza por un presunto embrujamiento. El más notable estudioso de los tlingit de Alaska ha declarado que la brujería dominaba sus vidas, haciendo que las más simples palabras o acciones fueran vulnerables a ser malinterpretadas como una manifestación de la misma.

. . .

Se ha calculado que, entre los kwahu de Ghana, el 92% de la población se convirtió en algún momento de su vida en acusador, presunta víctima o sospechoso de brujería. En la tribu cochiti de Nuevo México, "prácticamente todo el mundo" estuvo bajo sospecha en algún momento, y los ancianos tuvieron que filtrar las acusaciones y decidir cuáles afectaban al bien de la comunidad y debían ser objeto de seguimiento oficial. En Birmania, en la década de 1970, se presumía que cada pueblo albergaba al menos una mujer que hacía magia en secreto para provocar la enfermedad o la muerte de sus vecinos por despecho personal. En algunos pueblos de África y Melanesia, así como en el Territorio del Norte de Australia, todas las muertes, salvo las causadas por asesinato o suicidio, y la mayoría de las enfermedades, se atribuían al embrujo. Dicho todo esto, sin embargo, la mayoría de los pueblos que han creído en la figura de la bruja parecen haber considerado el factor de riesgo, durante la mayor parte del tiempo, de la manera en que un conductor de coche moderno trata el peligro de un accidente de tráfico.

No parece haber ninguna explicación funcional que explique la tendencia de algunos grupos humanos a creer en la existencia de brujas y de otros a no hacerlo; los que se encuentran en ambas categorías suelen compartir sociedades, economías y cosmologías similares, y viven en estrecha proximidad. Asimismo, no existe una explicación general aparente para la diferente intensidad del miedo a la brujería entre los distintos pueblos.

En la década de 1960, P.T.W. Baxter, estudiando a los de África Oriental, observó que los pastores errantes de esa región rara vez se acusaban mutuamente de utilizar el embrujo, incluso cuando poseían una creencia bien desarrollada de que la gente podía hacerlo. Este patrón parece ser válido para los nómadas de todo el mundo, quizá porque su estilo de vida móvil y sus unidades sociales relativamente pequeñas tienden a reducir el potencial de los conflictos personales que generan las sospechas de brujería. Por otro lado, no todas las sociedades agrarias estáticas y arraigadas han creído en las brujas, y no todas las que lo han hecho las han temido profundamente. Además, incluso las que se han tomado en serio la brujería no lo han hecho con la misma intensidad en todo momento. Por el contrario, la caza de brujas, en todo el mundo, ha tendido, desde que se tiene constancia de ello, a aumentar de forma espectacular en determinadas épocas y a desaparecer o caer a un nivel bajo en otras.

. . .

Una variable importante es la edad. En muchas sociedades, en todo el mundo, las acusaciones se dirigen principalmente contra los ancianos, pero en otras se centran en los jóvenes y en muchas más, la edad no es un factor determinante. Es normal que los sospechosos hayan superado la pubertad, ya que los niños están mucho menos implicados en las tensiones sociales entre adultos que generan las acusaciones, y se les atribuye mucho menos poder de cualquier tipo.

Sin embargo, entre los Bangwa de Camerún, los niños eran acusados con frecuencia, e incluso los bebés podían ser considerados culpables; y, como se verá, hubo y hay otras sociedades que asocian la brujería con los jóvenes.

El género es otra variable mundial, siendo las brujas, en diferentes lugares dentro de cada continente, consideradas esencialmente femeninas, o esencialmente masculinas, o de ambos sexos en diferentes proporciones y según diferentes roles. También es bastante común que las sociedades manifiesten una discrepancia entre el género de su bruja estereotipada y el de las personas a las que realmente acusan. Las personas que hacen las acusaciones son, asimismo, normalmente femeninas, masculinas o ambas, según las convenciones de la cultura a la que pertenecen. La misma variedad se refiere al estatus social y a la riqueza de acusadores y acusados, considerándose la brujería como un arma empleada por pobres contra ricos, por ricos contra pobres, o entre iguales o competidores, o por cualquier miembro de una comunidad, según la sociedad de que se trate. En todo el mundo ha habido una tendencia común a que las sospechas se sitúen en las tensiones económicas y sociales, de modo que los individuos pendencieros o jactanciosos, o parvenus, dentro de las sociedades en las que la afabilidad y la modestia se consideran virtudes primordiales y la movilidad económica es limitada, han sido considerados a menudo como objetivos obvios de la brujería o como practicantes obvios de la misma; pero hay otras categorías de comportamiento o persona que entran en ambos papeles.

A pesar de ser tan variados en estos detalles, los conceptos locales de la figura de la bruja también están fuertemente arraigados, y a menudo parecen impermeables al hecho de que los pueblos vecinos puedan tener ideas muy diferentes.

. . .

Hay tres grupos de islas frente a la costa noreste de Nueva Guinea, cercanas y en comunicación regular entre sí: Dobu, Trobriand y Fergusson. Sus habitantes se parecen lo suficiente en aspectos físicos, sociales y culturales como para que sean prácticamente un solo pueblo. Todos temen la brujería, pero para los dobuanos las brujas pueden ser de cualquier sexo, aunque las mujeres son consideradas más peligrosas; para los trobriandeses son mayoritariamente masculinas; y para los fergussonianos son esencialmente femeninas, y especialmente peligrosas. Una pregunta obvia que cabe hacerse es si los habitantes de una de estas sociedades encuentran algo extraño en la discrepancia entre sus creencias y las de las otras dos. La respuesta parece ser completamente negativa, de modo que cuando los dobuanos visitan Trobriand, no temen a las mujeres locales por ser brujas, sino que empiezan a temer más a los hombres, mientras que las mujeres de Fergusson les asustan aún más que las de su país.

3

Una bruja es una amenaza interna
para una comunidad

Como se ha sugerido anteriormente, los europeos de la Edad Moderna creían que las brujas atacaban a los vecinos o a los parientes, o, excepcionalmente, atacaban a las figuras de la élite dentro de su propia unidad política, como un aristócrata o un rey. Por lo tanto, no se imaginaba que las brujas estuvieran interesadas en dañar a los extraños. Esto distingue la brujería del uso de la magia dañina como arma en los conflictos entre comunidades. Los miembros de las sociedades humanas tradicionales, organizadas como tribus, clanes o aldeas, creían que muchas de sus disputas incluían un elemento mágico, y dichas sociedades estaban dispuestas a culpar de sus desgracias a las actividades de los magos entre sus enemigos colectivos. Esta creencia se encuentra en muchas partes del mundo, pero especialmente en tres: la cuenca del Amazonas, Siberia y Australia y Melanesia.

Es especialmente frecuente en la última de estas regiones, aunque incluso allí se encuentra entremezclada con sociedades en las que se percibe que la amenaza de la magia destructiva es mayoritariamente o totalmente interna, como se ha mencionado anteriormente.

A pesar de esta amplia dispersión de las comunidades que esperaban el peligro mágico desde el exterior, han sido superadas ampliamente en el mundo por aquellas que lo han temido desde el interior. Ralph Austen ha comentado que prácticamente todos los estudios de las sociedades rurales africanas indican que en ellas se cree que la eficacia de la brujería aumenta en proporción directa a la intimidad entre la bruja y la víctima. Peter Geschiere ha añadido que "en muchos aspectos, la brujería es el lado oscuro del parentesco", y Wim van Binsbergen que es "todo lo que desafía el orden del parentesco". Esto parece cierto en gran parte de África, aunque incluso allí los grados de parentesco en los que se supone que opera varían enormemente. En las sociedades polígamas, las acusaciones suelen surgir de los celos y la animosidad entre las diferentes esposas de un mismo hombre.

Por otra parte, tales consecuencias no eran en absoluto seguras, y no había una relación más inevitable y predecible entre la poligamia y los objetivos de la sospecha que la que había entre las creencias en la brujería y cualquier otro tipo de organización social. Entre los konkomba del norte de Togo, que creían en la brujería, existían muchas tensiones entre las coesposas y, sin embargo, nunca surgieron acusaciones de ellas.

Los wambugwe, que vivían en el Valle del Rift de Tanzania, pensaban que las brujas no podían atacar a su propio linaje. Más al norte, en Kenia, los nandi creían que la brujería operaba entre parientes políticos, mientras que otra tribu tanzana, los safwa, sostenían que sólo podía utilizarse contra los miembros del propio patrilinaje del autor. En Zambia, los ndembu pensaban que sólo los parientes maternos cercanos estaban en peligro, mientras que en Sierra Leona los kuranko consideraban que la brujería era un ataque a las relaciones conyugales, utilizado sólo por las mujeres casadas contra el marido o sus parientes. Los ngoni de Malawi pensaban que las brujas sólo atacaban a los parientes por parte de la madre. En África, o en otras partes del mundo, tampoco se sospecha necesariamente de la brujería de los parientes, sino que el espectro de objetivos preferidos para la sospecha se extiende desde los amigos y vecinos hasta los forasteros a los que se les ha permitido establecerse en una comunidad. Entre los Gusii de Kenia, los objetivos obvios eran simplemente personas que no habían dado pruebas claras de su lealtad al grupo social en su conjunto; asimismo, los Nyakyusa de Tanzania sospechaban de los miembros generalmente antisociales de su sociedad.

Un pueblo de Nueva Guinea, el Tangu, utilizaba su palabra equivalente para designar a una bruja para describir a todas las personas socialmente marginales que habían dejado de ser recíprocas en las relaciones sociales de la comunidad, tanto si habían empezado a utilizar la brujería como si no.

Los lugbara de Uganda asociaban la brujería con los extraños, los solitarios, las personas con los ojos rojos o entrecerrados, los avaros y los malhumorados. Los quichés de Guatemala la veían tanto en los perezosos como en los antisociales. Los apaches occidentales, por su parte, sospechaban eclécticamente de los ricos, los ancianos y los extraños que se habían trasladado inesperadamente a la comunidad. A veces el estereotipo no se ajustaba a la realidad, de modo que los mandari del Sudán asociaban tradicionalmente la brujería con la suciedad física, el robo y el comportamiento inconformista en general, pero admitían que la mayoría de los sospechosos eran personas que no se distinguían de la norma. Los wambugwe pensaban que las brujas no tenían ningún rasgo que las distinguiera de los demás, mientras que, entre otro grupo tanzano, los hehe, las acusaciones no guardaban relación con el sexo, la edad o el parentesco. Los gisu de Uganda pensaban que las brujas sólo atacaban a las personas de su propio sexo, mientras que en Papúa los kaluli creían que normalmente hacían víctimas a quienes no estaban emparentados con ellos por sangre o matrimonio. Para los mohave, cuyo territorio tradicional abarcaba partes de California, Nevada y Arizona, la brujería era especialmente insidiosa porque quienes poseían sus poderes sólo los utilizaban para matar a las personas que les gustaban, como una consecuencia compulsiva y atroz del afecto genuino.

En general, el comentario hecho por Philip Mayer sobre los africanos hace medio siglo es válido para las sociedades humanas en general, en el sentido de que los sospechosos de brujería y sus acusadores son personas que deberían gustarse mutuamente pero no lo hacen. Por decirlo de otro modo, como hizo Eytan Bercovitch después de trabajar en Nueva Guinea, "la bruja es todo lo que la gente es realmente como comunidades e individuos, pero preferiría no serlo". La sospecha de brujería ha sido generalmente una consecuencia de las obligaciones sociales no cumplidas. Las circunstancias en las que surge esa sospecha suelen ser, en todas partes, las de las relaciones regulares, estrechas e informales, sobre todo en entornos confinados e intensos en los que es difícil expresar las animosidades en riñas y peleas abiertas: por eso, por ejemplo, en el sur de la India nunca se produjeron acusaciones entre diferentes castas sociales, ya que nunca tuvieron relaciones suficientemente íntimas entre sí. Aunque las consecuencias de las acusaciones de brujería generalmente implicaban a grupos sociales, en esencia se generaban por relaciones personales estrechas. En palabras de Godfrey Lienhardt, "la brujería es un concepto en la evaluación de las relaciones entre dos personas". La creencia en ella es un aspecto de los encuentros humanos cara a cara.

4

La bruja trabaja dentro de una tradición

En todo el mundo se ha creído comúnmente que las brujas adquieren sus poderes malignos mediante el entrenamiento o la herencia; pero no ha habido una solución general a la cuestión de cómo se hace esto. Dos respuestas muy comunes son que la capacidad de hacer daño es algo innato en la persona de la bruja, o bien que la bruja actúa mediante el empleo de materiales mágicos. Las dos suelen coincidir, en el sentido de que una persona que está dotada de una fuerza innata e interna puede utilizar fuerzas arcanas en objetos materiales para poner en acción sus poderes. Las sociedades que creen en la brujería como un poder innato a menudo difieren en cuanto a si se manifiesta por la voluntad de la persona en cuestión, o afirma el control sobre la voluntad y las acciones de esa persona, a veces directamente en contra de su propia inclinación. Es bastante común que los dos tipos de figura de bruja, la que opera debido a un poder innato, y la que necesita trabajar mediante la manipulación de las herramientas y sustancias adecuadas, existan en la imaginación del mismo grupo social.

Uno de estos grupos fue el de los azande del sur de Sudán, que fue objeto de un estudio muy famoso durante la década de 1930 por parte de Sir Edward Evans- Pritchard, que contribuyó a inspirar el posterior interés por la brujería mostrado por los miembros de su disciplina y creó algunos de los métodos y modelos para la misma. Como uno de estos últimos, confinó el término "brujería" para describir las acciones de las personas que hacían daño a través de habilidades naturales e internas, y empleó el de "hechicería" para aquellos que necesitaban medios externos. Durante un tiempo su distinción se aplicó ampliamente al estudio de la magia extraeuropea, y a la de África en particular. Sin embargo, en la década de 1960, fue criticada por ser inaplicable a muchos pueblos tradicionales, tanto en África como en otros lugares. En la actualidad, se ha abandonado en gran medida, aunque algunos antropólogos todavía la consideran pertinente para las sociedades concretas de las que se ocupan. Lo que se desprende de un análisis global es que los pueblos tradicionales distinguen entre formas de magia de diferentes maneras, algunas de las cuales se ajustan a la división realizada por Evans-Pritchard y otras no. Por lo tanto, no se utilizará aquí una clasificación de la magia perjudicial en brujería y hechicería, según sus criterios. No obstante, hay que reconocer que las sociedades de todo el mundo han dividido a los trabajadores de la magia nociva en categorías, en las que algunos operan más desde el instinto y el poder natural y otros más desde el diseño.

En Dobu, por ejemplo, se creía que las mujeres hacían el mal mientras dormían, ya que sus espíritus salían a atacar a los de los vecinos y les hacían daño, mientras que los hombres lo hacían cuando estaban despiertos, echando maldiciones a las pertenencias de las víctimas.

Las respuestas locales a la pregunta de si la brujería es voluntaria o involuntaria, y si es involuntaria, qué implicaciones tiene esto para el tratamiento del sospechoso de brujería, son igualmente variables en todo el mundo.

Algunos pueblos de África y Melanesia la consideran la consecuencia de una enfermedad física literal. Los Hewa de las tierras altas de Nueva Guinea pensaban que las brujas tenían un ser parecido a un pequeño feto humano viviendo dentro de ellas, que ansiaba la carne humana y las llevaba a matar para conseguirla. Los tiv de Nigeria pensaban que la brujería era una sustancia que crecía en el corazón de ciertas personas y les daba poderes mágicos. En el sur de África, los suazis la consideraban un virus, transmitido por las madres a los hijos o adquirido por contagio más tarde en la vida, que llevaba a los enfermos a unirse a una sociedad secreta de brujas dedicada al asesinato. En el noreste de Ghana, los mamprusi también lo consideraban una sustancia del cuerpo heredada de la madre, aunque se creía que las personas virtuosas eran capaces de resistirlo y neutralizarlo. Los bamileke de Camerún creían que era un órgano extra, que producía una literal sed de sangre, satisfecha mediante ataques mágicos.

En otro lugar del mismo país, los bangwa pensaban que lo generaba una sustancia en el gaznate, con la que nacía una persona: los padres con un bebé que parecía manifestar un comportamiento extraño suponían que tenía esta afección, y lo dejaban morir. Los habitantes de Seram, en el archipiélago de las Molucas, al este de Indonesia, opinaban que el poder de hacer magia maligna lo generaba un bulto duro en el estómago o los intestinos.

. . .

Otras sociedades consideraban que la brujería involuntaria era una afección más espiritual que física, aunque los límites entre ambas eran difusos. Entre los azande, los que Evans-Pritchard denominaba brujas se creía que heredaban un espíritu maligno de un progenitor, que los padres transmitían a los hijos y las madres a las hijas. Éste habitaba en sus intestinos, los poseía y necesitaba depredar como un vampiro las fuerzas vitales de los no brujos. Los afectados nacían con ella, pero al igual que algunas enfermedades hereditarias genuinas, se fortalecía con la edad. Los nyakyusa pensaban que la brujería estaba dotada de una entidad maligna que adoptaba la forma de una pitón alojada en el vientre de la bruja, mientras que en Nueva Guinea los kaluli pensaban que ese ser se alojaba en el corazón de la bruja.

En algunas partes de la región india de Mysore, también se creía que las brujas eran mujeres afligidas por un espíritu maligno que las impulsaba a hacer daño.

. . .

Entre el pueblo Gã del sur de Ghana, se creía que los espíritus que poseían a las brujas podían atormentar o matar a sus anfitriones humanos a menos que los aplacaran asesinando a otros; quienes temían estar en peligro de ser así poseídos buscaban curas mágicas para la condición. En Filipinas, la tarifa exigida por el espíritu poseedor era de al menos un asesinato al año, en cuyo defecto mataba a la bruja. Sin embargo, la mayoría de las culturas que han acreditado la existencia de la brujería la han considerado tan controlable, y culpable, como cualquier otro tipo de maldad humana (aunque normalmente más temible y peligrosa).

Incluso algunos que consideraban a las brujas como personas completamente poseídas por espíritus malignos, y por tanto no responsables de sus actos, han pensado a menudo que, para permitir tal grado de posesión, los individuos en cuestión debían ser al menos débiles y quizás malévolos. Nicola Tannenbaum, al estudiar a los Shan, una tribu budista que se extiende por la frontera entre Tailandia y China, observó que trataban a los sospechosos de brujería de forma muy parecida a los borrachos antisociales: como un peligro real para los demás, y responsables de su condición, aunque no realmente responsables de acciones concretas.

. . .

Otra variación en las percepciones globales de la figura de la bruja ha sido entre quienes han considerado que las brujas son esencialmente solitarias o que operan en asociación con algún amigo o aliado ocasional, y quienes creen que las brujas son miembros de sociedades secretas organizadas. La creencia en este tipo de asociaciones se ha registrado en gran parte del África subsahariana y en el suroeste de Estados Unidos, India, Nepal y Nueva Guinea. Por lo general, se cree que los participantes se reúnen, se animan y se refuerzan mutuamente en su vocación, planifican de forma concertada para hacer magia maligna y, a menudo, lo hacen realmente. Los métodos que se imaginan que emplean las brujas para realizar esa magia, ya sea de forma colectiva o en solitario, han adoptado inevitablemente formas diferentes en los distintos lugares, pero se encuentran ciertos patrones comunes en todo el mundo. Uno de ellos es la creencia de que la brujería se realiza con especial facilidad si la bruja puede obtener desechos corporales de la persona que es el objetivo. Entre los maoríes de Nueva Zelanda se decía que las brujas mataban a sus víctimas destruyendo sus ropas, cabellos, uñas o excrementos mientras pronunciaban hechizos. Los zuñi quemaban todos los recortes de pelo y sus vecinos los navaho ocultaban todos los desechos humanos, para que no sirvieran para hacer magia contra sus antiguos dueños. En Alaska, los tlingit pensaban que las brujas cogían restos de comida o de ropa de las víctimas previstas y los convertían en muñecos, que se convertían en vehículos de maldiciones. Estos temores y reacciones se registran en la mayor parte de la Polinesia, Melanesia, África, Asia del Sur y América del Norte. Otro sistema de creencias, que no es mutuamente excluyente con el primero, es el énfasis en el uso que hacen las brujas de las propiedades mágicas de los objetos tomados del mundo natural, como piedras especiales, plantas y partes de animales.

Los nyoro de Uganda pensaban que la mayor parte del embrujo se lograba mediante el uso de materia vegetal, mezclada con trozos de reptiles.

Otra tradición muy extendida, que se encuentra en América del Norte y África, es que las brujas atacan introduciendo objetos mágicos en el cuerpo de sus víctimas, como piedras, huesos, púas o cenizas, cuya extracción cura los efectos. Otro modelo de creencia, especialmente común en zonas de África Occidental y Central y Melanesia, es que las brujas actúan a través de sus propios poderes innatos de maldad, sin necesidad de ayudas físicas. Otra tradición muy extendida es la de que la bruja cuenta con la ayuda o el poder de un espíritu ayudante personal, o de un conjunto de ellos, a menudo en forma de animal. En las Islas Salomón de Melanesia, se pensaba, de forma inusual, que los espíritus malignos que servían a las brujas vivas eran los fantasmas de sus predecesoras muertas. En las Américas, África y Melanesia, la tradición también variaba en cuanto a la cuestión de si se esperaba que las brujas realizaran su trabajo como sus seres físicos normales, o que viajaran en alguna forma espiritual para hacerlo mientras sus cuerpos permanecían dormidos en casa. En algunas partes del África subsahariana, Asia meridional, Melanesia y América del Norte, se creía que podían volar, lo que facilitaba en gran medida su capacidad para recorrer distancias en busca de sus objetivos, aunque, de nuevo, la opinión variaba en cuanto a si lo hacían en cuerpos físicos o espectrales.

5

La bruja es malvada

En todo el mundo, las brujas han sido consideradas con aversión y horror, y asociadas a actitudes generalmente antisociales y a fuerzas malignas del mundo sobrenatural. Este rasgo excluye de la categoría de brujería el uso sancionado o aprobado informalmente de la magia en las disputas vecinales. Esto se encuentra a veces: por ejemplo, en las Islas Trobriand los magos de servicio empleaban sus habilidades para dañar a individuos que habían provocado los celos de los jefes o vecinos al prosperar por encima de su posición en la vida y perturbar el orden social habitual. Sus actividades se consideraban generalmente justificadas. Sin embargo, entre la mayoría de los pueblos, el uso de la magia nunca se consideró un medio legítimo para perseguir las rencillas y disputas dentro de las comunidades, sino una actividad que se distinguía por el secreto, la malevolencia y la maldad intrínseca. Se consideraba que el elemento del secreto privaba a la víctima prevista de cualquier advertencia del ataque que se avecinaba o de la conciencia de lo que estaba ocurriendo, hasta que el daño se hubiera producido.

Estaba diseñado para impedir cualquier oportunidad de compromiso, negociación y reconciliación, así como de medidas defensivas, y para proteger a la bruja, en la medida de lo posible, de ser llamada a rendir cuentas por el crimen.

Esta forma de proceder, ligada a la figura de la bruja, viola las nociones humanas comunes de valor, sociabilidad y justicia. En algunos aspectos, la brujería se ha utilizado para representar el mal inherente al universo, que se manifiesta a través de los seres humanos que, por su naturaleza, están capacitados para actuar como recipientes o conductos del mismo. En otros, ha encarnado todo lo que es egoísta, vengativo y antisocial dentro de la naturaleza humana, personificando la traición y la falta de armonía en las sociedades que luchan por la unidad y la vecindad. Godfrey Lienhardt resumió una regla general al hablar de un pueblo africano, los dinka: la bruja "encarna los apetitos y pasiones de todo hombre que, sin control, destruirían cualquier ley moral". En consecuencia, en la mayor parte del mundo se ha creído a menudo que las sociedades de brujas invierten esas normas de forma más dramática, participando durante sus reuniones o sus actos de maldad en actividades como el incesto, la desnudez o el canibalismo.

Los ejemplos de esta creencia son abundantes. Los zuñi del suroeste americano pensaban que las asociaciones de brujas se dedicaban a la destrucción de la raza humana, y sólo se permitía la entrada a alguien que ya se hubiera cobrado una víctima por arte de magia.

Sus vecinos los Hopi pensaban que sus propias brujas locales eran las líderes de una red mundial en la que estaban representadas todas las naciones, cuyos iniciados debían seguir sacrificando la vida de sus familiares para prolongar la suya. Los yoruba de Nigeria y los gonja de Ghana sostenían que, para entrar en la sociedad secreta de brujas, la gente debía incluso matar a sus propios hijos como rito de iniciación. En Nueva Guinea, los Abelam creían que el poder de las brujas se activaba en una niña si participaba en un rito por el que un grupo de brujas locales existentes desenterraba y se comía un bebé recién muerto. En toda la Polinesia no existía una creencia aparente en las sociedades de brujas, concibiéndose la formación en brujería como un asunto individual transmitido por un practicante experimentado a un novato, pero se seguía creyendo que esos practicantes tenían un rencor general contra la humanidad y la prueba de competencia era matar a un pariente cercano.

Los iroqueses pensaban que el precio de unirse a la organización local de brujas era utilizar la magia para asesinar al pariente más cercano. En la mayor parte del mundo se cree que las brujas se reúnen por la noche, cuando los humanos normales están inactivos, y también son más vulnerables cuando duermen. Los tswana creían que se reunían en las horas de oscuridad para exhumar cadáveres y utilizar partes de ellos para su magia destructiva. Más a menudo, en la mayor parte de África y Melanesia, incluida Nueva Guinea, se esperaba que las brujas desenterraran los cuerpos recién enterrados para darse un festín con ellos, siendo ésta la principal motivación para asesinar a las personas afectadas.

Los bemba de Zambia pensaban que la brujería era obra de personas que cometían incesto además de asesinar a los bebés.

La desnudez era una atribución común de las brujas, no sólo porque transgredía las normas sociales sino porque despojaba de su identidad cotidiana. En las Islas Salomón, la brujería se atribuía a las mujeres que se reunían por la noche para quitarse la ropa y bailar. Los Agariyars de Bengala pensaban que las mujeres se convertían en brujas al ir al campo de cremación a medianoche, quitarse la ropa, sentarse en el suelo y pronunciar conjuros sobre las cenizas incineradas. A los niños de los Lala de Zambia se les decía que no salieran desnudos para que no los confundieran con brujas, mientras que en la región de Lowveld, en el Transvaal, el mismo destino corría, y aún corre en algunos lugares, cualquier mujer que fuera vista sin ropa fuera de casa, incluso en su propio patio. En Flores, en la cadena de islas del sur de Indonesia, se decía que una persona podía atraer a un espíritu poseedor, que le confería el poder de la brujería, simplemente corriendo desnuda al aire libre. Entre los kaguru de Tanzania, se pensaba que las brujas no sólo actuaban desnudas, sino que caminaban sobre sus manos y untaban sus cuerpos, normalmente negros, con cenizas para volverlos blancos, en otros ritos de inversión. Los amba del oeste de Uganda pensaban que descansaban colgados boca abajo en los árboles y comían sal cuando tenían sed (además de adoptar la habitual desnudez y canibalismo).

. . .

En Filipinas, también se suponía que se colgaban boca abajo como murciélagos, además de no tener ningún sentido del pudor físico. Se decía que las brujas zulúes montaban desnudas sobre babuinos por la noche, mirando hacia atrás.

Las imaginadas por los apaches occidentales se quitaban la ropa para bailar toda la noche alrededor de las hogueras, sosteniendo partes de cadáveres exhumados, como parte de cuyos ritos los hombres copulaban deliberadamente con mujeres que estaban menstruando. En estos sentidos, la figura de la bruja ha representado un intento de imaginar cómo los seres humanos pueden seguir viviendo dentro de las comunidades mientras rechazan y atacan secretamente todas sus limitaciones morales, golpeando todos los imperativos que unen a sus sociedades y las hacen funcionales. En las sociedades en las que la expresión de la agresión y el resentimiento se reprime habitualmente en nombre de la solidaridad y la armonía comunitarias -y éstas son muy comunes entre los pueblos tradicionales-, la figura de la bruja proporcionaba un tipo de ser humano al que no sólo era apropiado sino necesario odiar activa y abiertamente.

6

La bruja puede ser resistida

La creencia de que las brujas pueden ser resistidas por sus congéneres también se encuentra en todo el mundo, en las tres formas principales que adoptó en Europa. Una de ellas consistía en protegerse a uno mismo o a las personas a su cargo y a sus bienes mediante el uso de la magia benévola, que podía alejar los hechizos y las maldiciones; si éstas parecían surtir efecto, se podía emplear una magia más fuerte para romper y eliminar los efectos del embrujamiento, y quizás para hacer sufrir a la bruja a su vez. Los Dowayo de Camerún colocaban cardos afilados o púas de puercoespín en los techos de sus casas, y espinas y púas alrededor de sus campos y eras, para alejar los hechizos malignos. Los navajos disponían de una amplia gama de objetos y técnicas que, según decían, protegían a su propietario de la brujería, como canciones, oraciones, cuentos, objetos consagrados, pinturas y plantas. En el norte de la India, se consideraba eficaz la realización de sacrificios de sangre o la utilización de plantas de tamarindo o ricino.

En toda la Polinesia, se promulgaban rituales de protección para salvaguardar a la gente de la brujería, y si éstos aparentemente fallaban, se utilizaban otros para contra-maldecir a la bruja. Los vugusu y los logoli del oeste de Kenia solían responder a la amenaza de la brujería evitando a las presuntas brujas y realizando contramagia contra ellas. En la isla melanesia de Gawa, las presuntas brujas nunca eran acusadas públicamente y no existía ningún mecanismo para juzgarlas, sino que la población dependía de la magia defensiva. Los gaya del norte de Sumatra trataban el embrujamiento con exorcismo, destinado a devolver el espíritu maligno que causaba la queja a la bruja que lo había enviado originalmente. La mayoría de las sociedades que creían en las brujas contaban con magos de servicio a los que se consideraba expertos en estos remedios y que podían proporcionárselos a otros como un deber o a cambio de una remuneración.

. . .

De hecho, esta actividad se plasma en el término inglés común para este tipo de mago (normalmente en un contexto no europeo y tribal) de "witch-doctor", que se popularizó por primera vez en un libro de gran éxito de la famosa exploradora británica victoriana Mary Kingsley. A veces se ha confundido con el significado de una bruja que es médico, pero en realidad significaba un médico que se especializaba, al menos en parte, en curar los daños causados por las brujas: La propia definición de Kingsley era la de un "combatiente de los males obrados por las brujas y los demonios en las almas y los bienes humanos".

Bajo cualquier nombre, la ruptura del embrujo ha sido, en todo el mundo, una de las funciones más comunes e importantes atribuidas a los magos de servicio.

El segundo remedio extendido para el embrujamiento era ajustar las relaciones sociales que habían creado la sospecha del mismo. Esto podía adoptar la forma de persuadir u obligar a la bruja a eliminar el hechizo que había realizado y, por tanto, sus efectos destructivos. Entre los azande, cuando un mago o jefe de servicio había decidido que un mal era el resultado de un embrujo, el siguiente paso era pedir al presunto culpable que levantara el hechizo. El mismo patrón se encontró en Botsuana, con los tswana.

Entre los Gusii, la primera reacción ante una sospecha era emplear la magia privada para romper el hechizo hostil, y la segunda romper toda relación con la bruja sospechosa, para privar a ésta de los contactos con su(s) víctima(s) que habían hecho posible el embrujamiento. En las islas Tonga de la Polinesia, se creía que la única forma de curar el embrujo era persuadir u obligar a la bruja a eliminarlo. Los yakö del este de Nigeria pensaban que las sospechas se trataban mejor en privado, pidiendo al sospechoso que desistiera de embrujar. En Ghana, los Ashanti culpaban al acto de brujería y no a la persona que lo perpetraba, por lo que la presunta bruja era perdonada tras hacer una confesión pública (que se suponía que rompía el embrujo) y pagar una multa o hacer una penitencia.

Los Tangu de Nueva Guinea esperaban que una bruja desenmascarada pagara una indemnización a la víctima, tras lo cual se daba por cerrado el asunto. En Dobu, se contrataba a un mago de servicio para que identificara la fuente del embrujo, normalmente mirando al agua o a un cristal. Como resultado, se acusaba al sospechoso y se le pedía que recordara la maldición lanzada sobre la víctima; y cuando aparentemente lo hacía, tanto el adivino como la supuesta bruja recibían el pago de la víctima. Se tenía tanta fe en este proceso que, si la víctima seguía sin recuperarse, se presumía que la causa era una nueva maldición y una nueva bruja. En Camerún, los bamileke, que pensaban que la brujería era la consecuencia involuntaria de un órgano extra en el cuerpo, también creían que la exposición pública como bruja destruía automáticamente el poder del crecimiento y así el acusado era desarmado y reintegrado en la sociedad. Los lisu de las tierras altas del norte de Tailandia temían profundamente la brujería, pero confiaban en los magos de servicio o en la contramagia privada para mantenerla a raya. Si esto fallaba, se acusaba al sospechoso de brujería y se le obligaba a pagar una indemnización y a retractarse del hechizo; la gente rara vez mataba a quienes culpaba de embrujo, por la buena razón de que se pensaba que las personas que asesinaban a las brujas se convertían ellas mismas en brujas, por contagio.

El tercer remedio consistía en romper el poder de la bruja con un contraataque físico, que podía adoptar la forma de una acción directa, como una severa paliza o un asesinato, o una intimidación que expulsara a la persona en cuestión del barrio. En la mayoría de las sociedades, sin embargo, se prefería un recurso formal y legal a este tipo de acción privada, por el que el sospechoso era procesado ante o por toda la comunidad, y si se le declaraba culpable era sometido al castigo que ésta designara. En muchos casos, la identificación del culpable era asistida o llevada a cabo por el mismo tipo de mago que proporcionaba contramagia contra la brujería. En África central y meridional, en varios lugares se creía que la capacidad de detectar brujas era inherente a los jefes, como una de esa concentración de cualidades semimísticas que les daba derecho a dirigir. En la India central se atribuía el mismo poder a los hombres santos. En gran parte del mundo, se empleaban oráculos y ritos especiales para encontrar al culpable cuando se sospechaba de brujería. Los dangs de la India occidental dejaban caer lentejas con el nombre de cada aldeano adulto en un recipiente con agua: la que flotara sería la del marido de la bruja. Los magos de servicio de los Lala de Zambia encontraban a las brujas mirando dentro de un cuenco de agua consagrada, lanzando el mango de un hacha a la ceniza u observando los cuernos clavados en la tierra. Los nyoro de Uganda arrojaban conchas de cauri en una estera e interpretaban el dibujo que hacían, mientras que en el mismo país los gisu hacían preguntas sobre los dibujos de los guijarros en un plato oscilante.

Una vez que se sospechaba de alguien, se le obligaba a someterse a una prueba para demostrar su inocencia o culpabilidad.

La sociedad tradicional de búsqueda de brujas entre los Nupe del norte de Nigeria obligaba a los sospechosos a cavar el suelo con las manos desnudas: si sangraban, se les consideraba culpables. Los Dowayo les hacían beber cerveza en la que se había mezclado una savia venenosa. La persona que moría o producía vómito rojo como resultado era considerada culpable, mientras que los que producían vómito blanco, y vivían, eran exonerados. En toda África Central, desde Nigeria hasta Zambia y Madagascar, se encontraban diferentes formas de esta prueba de envenenamiento, cuyas consecuencias dependían del grado de toxicidad de la poción. Los Lele hacían entrar a los sospechosos en corrales para probarlos, y la bebida administrada mataba a muchos de ellos. La misma prueba se utilizaba en el noroeste de Nueva Guinea, donde los que vomitaban el veneno eran declarados culpables y condenados a muerte: como era bastante difícil sobrevivir al veneno sin sacarlo a relucir, se trataba de una prueba que pesaba mucho en contra de la persona sometida a ella. En África, desde Ghana hasta las islas de la costa tanzana, se degollaba una gallina o se le daba veneno delante de un sospechoso, cuya culpabilidad o inocencia se determinaba por la postura final del ave moribunda. El peligro en el que se colocaba al acusado podía manipularse decidiendo cuántas de esas posturas contaban como prueba de inocencia: en gran parte de Nigeria durante las décadas de 1940 y 1950, las probabilidades se inclinaban fuertemente en contra de la absolución al dictaminarse que sólo una postura lo hacía. Una prueba estándar de brujería en Flores, en la cadena de islas del sur de Indonesia, consistía en tener que sacar una piedra del agua hirviendo: el culpable se ampollaría.

Una vez que se identificaba a una persona como probable bruja, a veces se recurría a la tortura para obtener una confesión: en la India, los Dangs solían columpiar a una persona acusada boca abajo sobre una hoguera. En gran parte del resto de la India y en Birmania, los sospechosos eran azotados con la madera de un árbol sagrado. Los Navaho del suroeste de Estados Unidos preferían atarlos y privarlos de comida y refugio. La severidad de la pena impuesta a los condenados por brujería dependía tanto de las actitudes locales al respecto como de la magnitud percibida del daño causado por la presunta bruja. Para las sociedades que prescribían la pena de muerte para el asesinato u otros delitos graves contra la persona, era lógico aplicarla a los condenados por infligir la muerte o daños ruinosos mediante la magia. La mayoría de los pueblos que tradicionalmente han creído en la brujería han matado al menos a algunos de los condenados formalmente por ella. En las comunidades que temían mucho a la brujería, el número de cadáveres alcanzado podía ser considerable. Se dice que en la época precolonial cada pueblo de los bakweri de Camerún tenía su árbol para colgar brujas. Entre los pondo de Sudáfrica, la tasa de ejecuciones era de una por día en vísperas de la conquista británica, y esta cifra no incluía a los que huían cuando eran acusados, o eran multados. Un funcionario británico que prestaba servicio en la India a principios del siglo XIX calculó que unas mil mujeres habían sido ejecutadas por supuesta brujería en las llanuras del norte durante los treinta años anteriores: una tasa de mortalidad mucho más grave que la causada por la práctica local más conocida del sati, o quema de viudas.

La ruptura del dominio británico sobre la India en la rebelión de 1857 permitió que se produjera una gran caza de brujas, con efectos letales, entre las tribus del norte de la India. Antes de la llegada del colonialismo británico, los nyoro supuestamente quemaban vivos a muchos de sus habitantes por considerarlos brujos, mientras que antes de que los alemanes los conquistaran, los kaguru mataban a garrotazos a los condenados por brujería y los dejaban pudrirse en el monte, y los pogoro los quemaban vivos.

Los inuit de Groenlandia cortaban los cuerpos de los ejecutados en trozos pequeños para evitar que sus espíritus persiguieran a los vivos. Asimismo, los Paiute del Norte de lo que se convirtió en Nevada y Oregón apedreaban a los sospechosos condenados hasta la muerte y luego quemaban los cadáveres. Un misionero jesuita que trabajaba entre los hurones de Canadá en 1635 observó que a menudo se asesinaban entre sí o se quemaban vivos por el testimonio de moribundos que acusaban a las víctimas de haber provocado su enfermedad mortal mediante la magia. En Flores, la pena por brujería antes de la conquista holandesa era ser enterrado vivo, y al parecer esto ocurría con regularidad. En otra isla indonesia, Sulawesi, los Toraja sometían a las brujas acusadas a pruebas que prácticamente no permitían demostrar su inocencia, y luego las golpeaban hasta la muerte. Se animaba a los jóvenes a participar en ello para demostrar su valor.

. . .

Antes de ser gobernadas por los británicos, las tribus de lo que hoy es Botsuana vengaban las muertes por presunta brujería, bien permitiendo que los parientes afligidos mataran a la familia de la presunta bruja, bien haciendo que el jefe local juzgara a los sospechosos y ejecutara a los condenados: sólo entre los BaNgwatetse hubo veintiséis juicios de este tipo entre 1910 y 1916. Los antiguos lugares de ejecución de las brujas todavía se señalaban a los visitantes británicos de la región en la década de 1940. Los kaska, que vivían en la frontera entre Canadá y Alaska, no tenían ningún concepto de las curas mágicas que podían utilizarse contra la brujería, por lo que el único remedio conocido era enfrentarse a la bruja, que en esa sociedad solía considerarse un niño. Esta creencia dio lugar a persistentes asesinatos en las dos primeras décadas del siglo XX, a menudo por parte de las familias de los jóvenes acusados.

En todo el mundo, los pueblos tradicionales han manifestado a menudo la pauta de repuntes repentinos de la caza de brujas entre poblaciones que hasta ahora o durante mucho tiempo se han caracterizado por su escasa presencia.

. . .

En general, los pueblos que tradicionalmente han temido la brujería tienden a acusar de ella a sus vecinos con mucha más frecuencia en épocas de presión económica y/o de cambios económicos, políticos y culturales desestabilizadores; pero también es cierto que esas épocas no producen automática y necesariamente un aumento de las acusaciones.

Cuando se ha producido este tipo de recrudecimiento, ha tendido a repercutir en el orden social de tres maneras diferentes: para confirmar la autoridad de los líderes tradicionales y de la sociedad; para aumentar el poder de un miembro individual de la élite tradicional; o para permitir que un nuevo grupo social se haga con la autoridad. En África, Lobengula, rey de los matabeles, Ranavalona, reina de los malgaches, y Shaka, rey de los zulúes, son ejemplos de líderes del siglo XIX que reforzaron su autoridad hereditaria haciendo la guerra a supuestas brujas. En una ocasión, Shaka convocó a su corte a casi cuatrocientos sospechosos a la vez y los mató a todos, mientras que bajo el mandato de Ranavalona se obligó a una décima parte de sus súbditos a someterse a la prueba del veneno para comprobar si eran brujas, y una quinta parte de ellos murió. Lobengula presidía una media de nueve a diez ejecuciones al mes, principalmente de hombres relativamente poderosos. En la Norteamérica del siglo XIX, el jefe navajo Manuelito ejecutó a más de cuarenta de sus oponentes políticos acusados de brujería, y una generación antes el jefe seneca Handsome Lake se estableció como líder religioso dirigiendo una persecución de la misma. Estas figuras a veces utilizaban la caza de brujas para defender las formas tradicionales contra la innovación: en el valle del Ohio del siglo XVIII, el profeta Shawnee Tenskwatawa la instigó contra los conversos cristianos de su confederación tribal.

El uso político del mecanismo podía ser desplegado tanto colectivamente como por gobernantes y profetas particulares: así, en el siglo XVII las tribus algonquianas del noreste de Norteamérica hicieron de las acusaciones de brujería su principal medio para establecer nuevas fronteras territoriales al servicio del comercio de pieles que se desarrollaba con los colonos europeos. Por otra parte, algunos regímenes de fuerte base y larga trayectoria optaron por desalentar la caza de brujas como parte de la demostración de su autoridad.

Cuando en 1768 cundió el pánico en doce provincias de China por el hecho de que magos ambulantes estuvieran maldiciendo a la gente (especialmente a los niños varones) hasta la muerte para esclavizar sus almas, los jueces imperiales anularon las condenas impuestas por los tribunales locales, aunque las turbas asesinaron a algunos sospechosos antes de que pudieran ser detenidos. En África, los movimientos de búsqueda de brujas fueron comunes en el periodo colonial, afectando a gran parte del oeste y el centro del continente, y funcionando en parte como respuesta a la prohibición o modificación extrema de los juicios tradicionales por brujería por parte de las administraciones europeas. También es posible que la dominación colonial, al destrozar las instituciones tribales y los códigos morales, aumentara la inestabilidad en la que suele florecer el miedo a la brujería. Los lele se vieron envueltos en no menos de cinco cazas de brujas entre 1910 y 1952.

Por lo general, las llevaban a cabo hombres jóvenes que recorrían las regiones, cruzando las fronteras tribales y afirmando tener el poder tanto de detectar a las brujas como de hacerlas permanentemente inofensivas.

Este último proceso solía consistir en obligar a los sospechosos producidos por las comunidades a entregar los materiales con los que supuestamente hacían su magia, para su destrucción, y en administrarles una bebida o ungüento, o un rito concreto, que supuestamente eliminaba su capacidad de embrujar. Del mismo modo, en la India occidental, el renacimiento religioso "Devi" de la década de 1920 incluía la detección y el destierro de las brujas de los pueblos como parte de su cometido. Estos movimientos se originaron fuera de las estructuras tradicionales de autoridad y costumbre, pero generalmente funcionaron dentro de ellas. Sin embargo, incluso bajo el dominio colonial, a veces surgían cazadores de brujas que provocaban el rechazo y el castigo de las élites o religiones nativas conocidas. El culto de búsqueda de brujas Atinga en África Occidental era transmitido por los devotos de un único santuario en el norte de Ghana, que destruían otros centros de culto tradicionales a medida que viajaban. Los nyambua, su equivalente en Nigeria, denunciaban tanto a los jefes establecidos como a las brujas. A veces, además, estos movimientos se mezclaban con el sentimiento anticolonial, o incluso con la rebelión directa: el levantamiento de Maji Maji contra el dominio alemán en Tanganica en 1905-6 estaba dirigido por un profeta que se autodenominaba "asesino y odiador" de brujas, y de hecho ordenaba la muerte de cualquiera que rechazara el "agua medicinal" que administraba para destruir la magia maligna.

. . .

Este patrón se ha vuelto mucho más común desde la eliminación del dominio europeo, ya que África ha experimentado programas de modernización autoconsciente que han producido importantes cambios sociales. La caza de brujas ha ocupado a menudo un lugar destacado tanto en los movimientos revolucionarios que se opusieron directamente al colonialismo o a la supremacía blanca y ayudaron a acabar con ellos, como en los estados sucesores, bajo regímenes nativos, que surgieron de las antiguas colonias. Los grupos de jóvenes que atacaron a sospechosos de brujería en algunas partes del Transvaal durante la década de 1980 fueron también los que lideraron la resistencia al sistema del apartheid, presentando al gobierno blanco, que defendía el apartheid y prohibía la caza de brujas, como el protector de la brujería. Tras el establecimiento de un gobierno de mayoría negra, todavía se encontraban marginados por el nuevo régimen, por lo que continuaron con su papel de defensores locales de su pueblo, frente a un gobierno central en gran medida ajeno, y la persecución de brujas seguía formando parte de ese papel. Más cerca de los principales centros de población de la nueva Sudáfrica, en el municipio de Soweto, el miedo diario a la brujería era "tremendo" a principios de la década de 1990, y se decía que "toda mujer mayor, especialmente si es excéntrica e impopular, vive con el riesgo de ser acusada de brujería". Entre los mijikenda de la costa de Kenia, la independencia fue seguida de un aumento de las acusaciones y de la violencia contra los sospechosos, y los líderes administrativos tribales y nacionales se unieron para promover a un curandero concreto como cazador de brujas.

A partir de la década de 1970 aumentaron las acusaciones directas y públicas de brujería en Zambia, y con ellas el uso de expertos cazadores de brujas, que en la década de 1980 eran omnipresentes en las zonas rurales. En la guerra de la independencia, que instauró el gobierno autóctono en Zimbabue, la guerrilla asumió el papel tradicional de los jefes como detectores de brujas, normalmente con el pleno apoyo de las comunidades locales, y condenó a muerte a los detectados si esas comunidades lo deseaban. Como es lógico, las víctimas solían ser aliados del gobierno blanco.

Una vez alcanzada la independencia del país, a principios de la década de 1990, se llevó a cabo una cacería local a cargo de un médium espiritual obtenido de una Asociación Nacional de Curanderos Tradicionales sancionada por el gobierno, que detectaba a las brujas haciendo que los sospechosos pasaran por encima de su bastón. Ambos bandos de la guerra civil angoleña de principios de la década de 1990, que siguió al colapso del dominio portugués, dieron muerte a las presuntas brujas como un aspecto de sus intentos de aumentar su popularidad y sus pretensiones de legitimidad; uno tendía a quemarlas vivas y el otro a matarlas después de hacerlas cavar sus propias tumbas. Los refugiados expresaron su indignación por el abuso de la actividad, al señalar a los oponentes políticos (y a sus hijos) como brujas, pero no por su ejecución.

En aquellas partes del mundo en las que los pueblos nativos fueron gobernados durante un tiempo por las potencias europeas, una de las características de la persecución de las supuestas brujas fue la manera en que algunos rasgos del cristianismo fueron tomados prestados por los gobernantes coloniales e integrados con los conceptos tradicionales de la bruja. Este fue un proceso bastante natural en América Latina, donde durante más de dos siglos los propios europeos gobernantes temieron la brujería y prohibieron todo tipo de magia. De este modo, dos sistemas paralelos de caza de brujas se encontraron y mezclaron, y el estereotipo europeo de principios de la modernidad de la brujería como una forma de adoración al Diablo se infiltró en las ideas indígenas y se instaló permanentemente en ellas.

. . .

El proceso continuó en África en el siglo XX bajo un sistema colonial muy diferente, en el que la actitud oficial hacia la brujería era de incredulidad. Aquí la Biblia, en las primeras traducciones modernas que afirmaban la desaprobación de la brujería y ordenaban su supresión, a menudo actuaba por derecho propio para confirmar las creencias nativas: irónicamente, el cristianismo tenía por tanto el efecto de reducir la credibilidad de los espíritus de los antepasados y de la tierra, contra los que predicaban los misioneros, y así producir una tendencia a culpar únicamente a las brujas de las desgracias extrañas. La fácil relación que podía establecerse entre los pueblos tradicionales entre el cristianismo y la caza de brujas está repleta de ejemplos.

Cuando la reina malgache Ranavalona creó una religión intolerante para cohesionar su nación en la década de 1830, que perseguía tanto a las supuestas brujas como a los cristianos, lo hizo utilizando modelos cristianos europeos de la primera época. Una generación antes, la religión híbrida de Handsome Lake, que introdujo en su rama de los seneca del norte del estado de Nueva York, añadió ángeles y demonios cristianos a la espiritualidad nativa, reforzando el miedo existente a la brujería. En la década de 1920, los miembros nativos del movimiento de los Testigos de Jehová en África Central tuvieron la idea de que el bautismo por inmersión total en agua podía detectar a las brujas. Uno de sus defensores, que llegó a llamarse a sí mismo "Hijo de Dios", fue ejecutado por los británicos tras ser considerado responsable de la matanza de más de una veintena de personas en su territorio, en lo que entonces era Rodesia del Norte, y de la acusación de casi doscientas más en el Congo Belga.

Le siguió, en la década siguiente, un hombre que había sido educado por los adventistas del séptimo día y que decidió fundar su propia iglesia en el norte de Rodesia, que incluía la denuncia de las brujas en su cometido. Los cazadores de brujas Bamucapi, que se extendieron por África Central desde el lago Nyasa hasta la cuenca del Congo en la década de 1930, vestían ropas europeas y predicaban "la palabra de Dios" como los misioneros blancos. También entre las guerras mundiales, una mujer fundó el movimiento Déima en Costa de Marfil, después de que el contacto con el cristianismo protestante la convenciera de que era una expresión de la voluntad y la palabra de la deidad cristiana: afirmaba detectar a las brujas al verlas.

. . .

En los años 50, las actividades misioneras del Ejército de Salvación desencadenaron el movimiento Munkukusa o Mukunguna en la cuenca del Congo, en el que la Biblia y la cruz eran símbolos destacados. Más adelante, en esa misma década, una misión protestante unida en Rodesia del Norte bautizó e instruyó a una mujer que afirmaba tener una comisión divina para predicar contra la brujería. Creó su propia organización eclesiástica, que llegó a incluir al 85% de la población de su distrito. El establecimiento de iglesias sionistas en la Provincia del Norte de Sudáfrica aumentó el temor a las brujas en esa zona, mientras que entre los zulúes algunos líderes de la misma denominación se convirtieron en notables cazadores de brujas. Estas iglesias también produjeron una cacería en Zambia durante 1988-9, dirigida por un profeta llamado Moisés. Cuando algunos de los Tangu de Nueva Guinea se convirtieron al cristianismo, inmediatamente identificaron a las brujas con el Diablo, y exactamente lo mismo ocurrió entre los Ewe de Ghana.

Un notable cazador de brujas en Malawi en los años cercanos a 1960 había aprendido sus ideas en una iglesia presbiteriana, mientras que, en Zambia, en la década de 1960, los profetas de las iglesias pentecostales eran muy destacados entre los magos que detectaban las fuentes de la magia maligna. La líder del movimiento de Acción Católica en Lusaka, la capital de Zambia, en la década de 1970, era una mujer que afirmaba poseer espíritus servidores y tener el poder de detectar a las brujas reaccionando físicamente a su presencia.

Cuando muchos de los lele se convirtieron al catolicismo romano a finales del siglo XX, no tardaron en declarar que la religión autóctona era la de Satanás y sus sacerdotes brujos. Los jóvenes, en particular, se mostraron proclives a la conversión, como una oportunidad para volverse contra sus mayores, y algunos de los nuevos sacerdotes católicos se convirtieron en ávidos cazadores de brujas, empleando la tortura para obtener confesiones. A principios del siglo XX, cientos de iglesias comunitarias de la capital congoleña, Kinshasa, estaban comprometidas en la lucha contra la brujería, como fuerza satánica. En 2005 se estimaba que África contaba ya con cientos de miles de "profetas" adscritos a las denominaciones nativas del cristianismo que reivindicaban la inspiración del Espíritu Santo y otros espíritus para detectar las causas ocultas de las desgracias, especialmente la brujería. Los movimientos para erradicar la brujería bajo el dominio colonial fueron, por lo general, incruentos, porque el uso de una violencia seria habría fomentado una respuesta hostil por parte de los administradores europeos, que oficialmente no creían en la amenaza de las brujas. Esto es lo que ocurrió con el culto de Atinga en Ghana y Nigeria en los años 40 y 50, que torturó y a veces mató a los sospechosos que se negaban a confesar.

Sin embargo, el fin de la dominación extranjera abrió el camino para el regreso de los ataques físicos generalizados a los sospechosos, que a menudo conducen a la muerte.

Cuando el gobierno belga se derrumbó en el Congo durante la década de 1960, los lele reintrodujeron inmediatamente su tradicional prueba del veneno, y cientos de personas murieron. En el norte de Uganda, tras el fin del dominio británico se reanudó la caza de brujas por parte de los jefes, con un considerable apoyo popular. Se torturaba a los sospechosos haciéndoles sentarse o caminar desnudos sobre alambre de espino, exponiéndoles a picaduras de termitas, golpeándoles, haciéndoles beber su propia orina o introduciéndoles pimienta en los ojos.

. . .

En la Provincia del Norte (actual Provincia de Limpopo) de Sudáfrica, la brujería parece haber sido relativamente poco temida en los dos primeros tercios del siglo XX, y las acusaciones alcanzaron un índice proporcionalmente bajo: el nivel más alto se registró entre los Lobedu, de cincuenta en el transcurso de la década de 1930, castigados con el exilio.

Sin embargo, la inestabilidad social, política y económica que acompañó a la ruptura del sistema de apartheid provocó una escalada de tensiones entre los vecinos, que se tradujo en 389 asesinatos conocidos relacionados con brujas en la provincia sólo entre 1985 y 1989. En la década de 1990, los casos registrados de este tipo de asesinatos ascendieron a 587, pero se consideró que se trataba de una grave subestimación debido al miedo a denunciar estos incidentes a las autoridades: se sabía que cuarenta y tres personas habían sido quemadas vivas en una acción sólo en el distrito de Lebowa.

En Soweto, los asesinatos relacionados con la brujería eran más raros, pero seguían produciéndose a veces en la década de 1990, y las víctimas eran quemadas hasta la muerte por una turba de jóvenes que calificaban el proceso de "democrático".

. . .

Tanto Malawi como Camerún han reintroducido leyes que permiten juzgar y condenar a personas por presunta brujería. En Camerún, los jueces aceptan a los magos de servicio como testigos expertos y valoran su testimonio por encima de las protestas de inocencia de los acusados. A estos últimos se les suele tratar como si no tuvieran derechos humanos y a veces son golpeados hasta la muerte por la policía que intenta obtener confesiones. No se exigen pruebas concretas o una confesión para la condena y las penas de prisión impuestas son duras -hasta diez años-, pero al menos los declarados culpables no son condenados a muerte. Tanzania se ha negado a permitir el restablecimiento de la persecución legal de las brujas, y el resultado ha sido una epidemia de vigilantismo letal. Entre 1970 y 1984 se registraron al menos 3.333 asesinatos de sospechosos de brujería en la parte continental del país, dos tercios de ellos entre un solo pueblo, los Sukuma. En la antigua capital del Mamprusi de Ghana se había creado un 1991 gueto en el que 140 mujeres habían sido confinadas permanentemente por ser sospechosas de brujería, para vivir en la pobreza: el espacio funcionaba a la vez como prisión y como santuario en el que estaban a salvo de sus acusadores.

. . .

En Gambia, el presidente Yahya Jammeh envió a una división de su guardia personal para que se uniera a la policía local en la detención de más de 1.300 sospechosos de brujería en un distrito de su país. Fueron llevados a centros de detención y se les administró una poción que debía eliminar sus poderes, lo que hizo que muchos enfermaran.

Tres años más tarde, una gran cacería se extendió por el sur de Nigeria, dirigida a los niños e impulsada por ministros de las iglesias cristianas nativas que se ofrecían a exorcizar a los acusados y hacerlos inofensivos. Las jóvenes víctimas eran a menudo detenidas y torturadas para inducirlas a confesar, y luego abandonadas por sus familias después del exorcismo; y todo esto ocurría a pesar de la existencia de una nueva ley nacional que prohibía las acusaciones contra los niños. Para el 2012, el pánico a los niños brujos se había extendido al Congo, y se decía que veinte mil niños vivían en las calles de la capital, Kinshasa, porque habían sido expulsados de sus hogares. En 2005, al menos medio millón de personas se habían autoproclamado expertos en el tratamiento de los problemas de brujería sólo en Sudáfrica. Si el cristianismo se ha asimilado fácilmente a las creencias tradicionales sobre las brujas, y ha servido para reforzarlas, también lo ha hecho la tecnología moderna.

De hecho, como ha subrayado el antropólogo Adam Ashforth, la ciencia se ha convertido en el "principal marco de referencia" para interpretar la brujería en algunos municipios sudafricanos, ya que la física cuántica, los teléfonos móviles, las imágenes digitales, la clonación y la vida artificial son más compatibles con una visión mágica del universo que con la de la anterior era de las máquinas.

En otras zonas del mundo, la violencia informal e ilegal contra presuntas brujas también ha alcanzado, o se ha mantenido, en niveles graves en los últimos tiempos.

Durante la década de 1960, un pequeño pueblo mexicano habitado por mayas tuvo una tasa de homicidios cincuenta veces superior a la de EE.UU. y ocho veces superior a la media de México, y la brujería fue el motivo en aproximadamente la mitad de los casos. En el noreste de la India, sólo en 1982 hubo doce asesinatos relacionados con la brujería en el distrito de Maldo, y más de sesenta en el distrito de Singhbhum durante cuatro años de la década de 1990. Un aldeano boliviano fue torturado y desterrado en 1978 por un tribunal comunal informal por utilizar supuestamente la magia para chupar la vida de los vecinos mientras dormían; cinco años después, otro grupo de este tipo quemó a un hombre hasta la muerte por el mismo delito. Entre los isleños de Ambrym, en Melanesia Central, el miedo a la brujería, y los homicidios que generaba, habían alcanzado lo que se describió como "niveles críticos" a finales de la década de 1990.

En la década de 2010, otras partes de Melanesia se habían visto igual de afectadas, como resultado del colapso de los sistemas sociales y culturales tradicionales, el declive de los servicios sanitarios, el empeoramiento de la pobreza y el aumento de las enfermedades relacionadas con el estilo de vida y las muertes prematuras. La violencia contra las sospechosas era (al igual que recientemente en el sur de África) llevada a cabo principalmente por hombres jóvenes empobrecidos que buscaban alcanzar un valor a los ojos de sus comunidades, y se estaba volviendo más pública, así como más extrema.

. . .

En Nueva Guinea, una joven fue quemada viva en 2013 ante cientos de espectadores, incluida la policía, y otras dos mujeres fueron torturadas y decapitadas públicamente en la isla de Bougainville, en el norte del archipiélago de las Salomón. En 2014, hombres fueron ahorcados públicamente en un salón comunitario en Vanuatu. Tampoco faltan las acciones legales contra la brujería en el mundo fuera de África, sobre todo en los estados islámicos. Durante el periodo comprendido entre 2008 y 2012, las leyes contra las prácticas mágicas de todo tipo se aplicaron con mayor rigor en Afganistán, la Franja de Gaza, Bahréin y Arabia Saudí. En ese periodo, Arabia Saudí ejecutó a varias personas por tales delitos, la mayoría extranjeros y en su mayoría por decapitación. Una mujer fue asesinada por ser sospechosa de brujería en Gaza en 2010. El gobierno saudí entrena a sus empleados no sólo como cazadores de brujas sino en rituales para destruir los efectos de la brujería, mientras que un reciente presidente de Pakistán, Asif Ali Zardari, sacrificaba una cabra negra casi a diario para alejar sus efectos.

En Indonesia, los tribunales están cada vez más dispuestos a juzgar los actos de magia como delitos, o al menos como comportamientos antisociales, ya que los jueces parecen creer a menudo en ellos y sus acciones son populares.

Es posible argumentar teóricamente que la caza de brujas puede, al menos en ocasiones, cumplir una función social positiva. En algunos contextos puede reforzar las normas culturales, y por tanto la solidaridad comunitaria, al desalentar los comportamientos aberrantes o antisociales. La identificación de la brujería con los celos, la codicia y la malicia puede servir para reforzar el apego a las virtudes compensatorias y desalentar la expresión de la animosidad.

Puede utilizarse para imponer obligaciones económicas y reducir la competencia en favor de la cooperación. En otros contextos, puede ser una partera del cambio, en la medida en que los movimientos contra la brujería han legitimado o reforzado a menudo el poder de nuevos grupos.

Las acusaciones han proporcionado a veces un medio por el que individuos sin poder, como los niños o las mujeres, pueden atraer la atención y el respeto, e intimidar a personas que normalmente están en posiciones superiores a ellos.

Pueden articular fantasías que de otro modo serían inconfesables, revelar y representar impulsos destructivos, e identificar y expresar tensiones en el seno de las familias y de grupos sociales más amplios, dinamitando relaciones insostenibles. Las medidas contra la presunta brujería han permitido a los humanos actuar con determinación ante la adversidad. Por estas razones, una influyente escuela de pensamiento entre los antropólogos ha sostenido que las acusaciones de brujería funcionaban como instrumentos de salud social y no como síntomas de mal funcionamiento.

Otros, sin embargo, han sostenido una opinión, diferente, que es la que se favorece aquí. Se subraya que todas estas funciones positivas de la creencia en la brujería sólo han actuado para fortalecer las sociedades, o para permitirles ajustarse más eficazmente a las circunstancias cambiantes, cuando el índice de acusaciones ha sido bajo y esporádico, y ha estado sometido a firmes controles. En muchos casos no se ha dado esta situación, y las sospechas y acusaciones no han resuelto los temores y las hostilidades, sino que los han agravado y han representado obstáculos para la cooperación pacífica.

En el peor de los casos, han desgarrado a las comunidades y han dejado traumas y resentimientos duraderos, o han agravado enormemente el sufrimiento derivado de la adaptación a los nuevos desarrollos económicos y sociales.

La mayoría de las sociedades que han creído firmemente en la brujería la han considerado un azote y una maldición, de la que han anhelado librarse; pero la única forma en que han podido concebir la consecución de este feliz resultado ha sido destruir a las brujas. Tales intentos han tendido a reforzar vívidamente la conciencia de la amenaza de la brujería, perpetuando así el miedo a la misma, y haciendo probable la futura caza de brujas, aunque hayan conseguido -a menudo con un sombrío coste humano- reducir la que existía en ese momento.

7

Síntesis y diferencias

A ESTAS ALTURAS ya debería estar bastante claro que las cinco características básicas del estereotipo de bruja de la Europa moderna temprana pueden encontrarse en todo el mundo, aunque no entre todos sus habitantes. Por lo tanto, tal vez merezca la pena subrayar los dos aspectos en los que Europa destaca como anómala. El primero es que fue el único continente en el que los nativos desarrollaron la ecuación común entre brujería y maldad esencial en la idea de que representaba una antirreligión herética organizada, dedicada al culto de un principio del mal encarnado en el cosmos. Esto se debe a que la religión dominante en la Europa medieval y moderna temprana era el cristianismo, que durante este período ponía un énfasis inusualmente fuerte en una oposición polarizada entre poderes completamente buenos y completamente malos en el universo, de los cuales su propio dios representaba el primero, y en última instancia el más potente.

El desarrollo europeo de las creencias en la brujería representó, por tanto, un concomitante natural de esta teología inusual, aunque no necesario. Tendría efectos en cadena en el resto del mundo, ya que la idea cristiana europea de la bruja satánica se transmitió a los pueblos que fueron conquistados por los europeos o que los recibieron como misioneros, como se ha descrito.

La otra característica extraordinaria de Europa fue que se convirtió en la única zona del mundo que contenía sociedades que tradicionalmente habían creído firmemente en la realidad de la brujería y que, sin embargo, llegaron a rechazar espontáneamente esa creencia, al menos en la ideología oficial. Esto también tuvo profundos efectos en el resto del mundo, ya que los administradores coloniales europeos impusieron esa incredulidad formal a los pueblos tradicionales, a los que llegó como un concepto chocante, inoportuno y extraño, con las consecuencias que se han discutido. Es cierto que este escepticismo europeo moderno tiene sus reservas y limitaciones. Una de ellas es que se necesitó una campaña muy larga y ardua de educación y aplicación, en todo el continente, para persuadir a la mayoría de la gente común de la verdad y la utilidad del cambio de actitud oficial. Se extendió en la mayoría de los países desde el siglo XVIII hasta el XX, e incluso ahora no se ha completado del todo. Otro matiz es que recientemente se ha reintroducido en Occidente un miedo activo a la brujería entre las comunidades de inmigrantes de grupos étnicos, especialmente africanos, que tradicionalmente la han albergado, y conservado.

En los primeros doce años del siglo XXI, esto se convirtió en una preocupación de la policía británica, que investigó ochenta y tres casos de abuso de menores provocados por la sospecha de brujería, incluidos cuatro asesinatos, y aun así pensó que el problema estaba muy poco denunciado. La división metropolitana creó un grupo de trabajo especial, el Proyecto Violeta, para abordarlo.

La imagen europea de la bruja satánica de principios de la Edad Moderna sigue viva en su país, además, de forma secularizada. El pánico a los abusos rituales satánicos contra los niños que estalló en Norteamérica durante los años ochenta y que cruzó el Atlántico hasta Gran Bretaña a finales de la década, estaba, como ha demostrado detalladamente Jean La Fontaine, firmemente basado en la construcción moderna temprana de una secta internacional adoradora del diablo oculta en las sociedades occidentales.

Sin embargo, se presentó en una forma adecuada para los racionalistas, como muchos de los trabajadores sociales (y en Estados Unidos, también los maestros y la policía) que se convencieron de su verdad. Esto no requería una creencia literal en la existencia de Satanás o de la magia, sino simplemente una credibilidad continuada en la de grupos bien organizados de satanistas practicantes que se dedicaban a cometer actos antisociales y criminales, y que por tanto merecían ser expuestos, reprimidos y castigados.

Esta credibilidad fue suficiente para producir algunos terribles errores judiciales, a ambos lados del Atlántico, antes de que una cuidadosa investigación revelara la total falta de pruebas de tal conspiración satanista. Sin embargo, algunos de los que propagaron el pánico por el supuesto abuso ritual satánico, y la mayoría de los que lo hicieron en su etapa de formación, eran fervientes cristianos evangélicos de tipo tradicional, con una creencia muy literal en un Diablo. La misma creencia es un sello distintivo de otro desarrollo relativamente reciente, el "ministerio de liberación" cristiano en Canadá y Estados Unidos, que ha dependido de una credulidad directa en la posesión demoníaca, a veces acompañada de una en las brujas satánicas.

El hecho de que sus miembros no hayan extendido hasta ahora sus actividades a llamamientos para una nueva caza de brujas puede atribuirse a su capacidad para trazar una línea entre la convicción privada y la política pública; pero también puede depender en cierta medida de la falta de voluntad por parte de los gobiernos para prestarles atención. Además, estas alteraciones de la cultura occidental tienen, a su vez, efectos en otras partes del mundo. Durante la mayor parte de los siglos XIX y XX, los misioneros europeos a los pueblos extraeuropeos tendían a desalentar las creencias tradicionales en la brujería, como un aspecto del atraso y la barbarie; aunque, como se ha dicho, esto podía verse socavado por el hecho de que las traducciones tradicionales del libro que distribuían como palabra de su deidad fomentaban tales creencias.

Sin embargo, en los últimos años, algunos misioneros estadounidenses que visitan los pueblos africanos han comenzado a fomentar la aceptación literal de la existencia de demonios y brujas, y a reforzar el resurgimiento de la caza de brujas.

Para los fines del presente libro, el resultado más significativo de un estudio de las creencias extraeuropeas con respecto a la brujería es el valor que puede tener para la comprensión de las mentalidades modernas tempranas y los juicios por brujería que éstas generaron. A partir de los patrones mundiales que ha revelado, cabría esperar que la Europa moderna temprana manifestara distintas fluctuaciones a lo largo del tiempo en la intensidad de la caza de brujas, vinculadas al cambio económico, social y político.

También sería razonable esperar variaciones regionales distintivas en la naturaleza de los juicios, tanto en su número e intensidad como en la naturaleza de las personas acusadas, con respecto al estatus, la edad y el género. Otra expectativa natural sería que los europeos distinguieran entre diferentes tipos de practicantes de la magia, no sólo en lo que respecta a la benevolencia o malevolencia de sus operaciones, sino también a la naturaleza de las mismas. Difícilmente será una novedad para cualquiera que conozca los resultados de la investigación sobre el tema confirmar inmediatamente que todas esas expectativas son de hecho correctas.

Lo que puede ser novedoso, y es otro resultado de una perspectiva global sobre el tema, es indagar si esas diferencias en las creencias y prácticas europeas pueden tener su origen en antiguas diferencias étnicas y culturales, correspondientes a las existentes entre tribus, pueblos y grupos lingüísticos concretos; y también qué diferencia supuso el cambio histórico en esas antiguas tradiciones.

8

Diferentes tipos de brujería y magia

Ahora que tienes una mejor comprensión del universo mágico en el que vives y quizás hayas conocido a algunos de tus espíritus ayudantes, es hora de empezar a pensar en cómo te gustaría proceder en tu viaje como bruja. Al igual que los músicos abordan su oficio de forma muy personal, las brujas también lo hacen. Algunos músicos tienen una formación clásica y tocan piezas complicadas en salas de concierto o con orquestas. Otros ni siquiera saben leer música y prefieren improvisar de manera más informal. Las brujas también pueden elegir un camino sencillo o uno increíblemente complejo. Las brujas de cocina y de seto, por ejemplo, suelen practicar una magia natural y sin complicaciones. No suelen pertenecer a un aquelarre, aunque pueden unir fuerzas con otras brujas para fines especiales.

. . .

Practicantes solitarios, dependen del autoestudio, la perspicacia, la creatividad y la intuición como guías.

Su práctica suele incluir la magia con plantas y hierbas, a menudo con fines curativos. Otras brujas realizan magia con tintes más rituales, inspirándose en diversos movimientos místicos y espirituales, como la Qabalah (un cuerpo de misticismo y magia judía). Consideran cada aspecto de un hechizo o un ritual como parte de un gran cuadro. Cada pieza debe estar en el lugar correcto para que todo salga como debe. Por ejemplo, la fase astrológica de la luna durante la cual se realiza el hechizo debe ser la adecuada para la tarea. La bruja puede llevar una vestimenta especial y moverse con patrones cuidadosamente coreografiados. Cada parte del trabajo debe estar diseñada para acumular energía hacia el resultado deseado.

El camino que elijas depende de tu personalidad, tus preferencias y tus talentos. ¿Le gustan las actividades de grupo y trabajar con otras personas para conseguir un objetivo común? Quizás te gustaría unirte a un aquelarre wiccano.

. . .

¿O eres una persona solitaria y hogareña? Puede que seas una bruja de seto natural. ¿Sientes una fuerte conexión con la tierra y amas el aire libre? Si es así, la brujería verde puede ser lo tuyo. Si tienes un don para lo dramático, la magia ceremonial podría atraerte. El lugar donde vives también puede ser un factor. En los estados del suroeste, el chamanismo influenciado por las tradiciones de los nativos americanos es muy popular; en Salem, Massachusetts, encontrarás muchos wiccanos.

Veamos ahora algunas de estas prácticas diferentes; puede que encuentres una que te intrigue lo suficiente como para investigarla más a fondo.

BRUJAS VERDES

Las brujas verdes son las "abrazadoras de árboles" originales. "La bruja verde recorre el camino de la naturalista, la herbolaria, la mujer sabia y la sanadora. La Tierra es su manual, el mundo natural su aula. El mundo natural ofrece muchos regalos, pero comparativamente pocas personas de la sociedad actual, impulsada por la tecnología, los aprovechan. Sin embargo, con el resurgimiento de las prácticas basadas en la naturaleza y la conciencia medioambiental, las brujas verdes están volviendo a surgir como guardianas de la naturaleza y de la relación de la humanidad con nuestro planeta.

La bruja verde utiliza los dones de la naturaleza para mejorar el bienestar del cuerpo físico, el espíritu y el alma, y el medio ambiente. En épocas anteriores, mucha gente practicaba la brujería verde, la llamaran así o no. Comadronas, herboristas, chamanes y otros curanderos conocían los poderes de las plantas -tanto medicinales como mágicos- y aprovechaban los productos botánicos para todo tipo de fines. También sentían una fuerte conexión con la tierra, las estaciones y los ciclos de la vida. De hecho, sus vidas dependían de la armonía con la naturaleza.

El trabajo de la bruja verde moderna

Las brujas verdes de hoy siguen los pasos de sus antepasados. Honran a la tierra y a todos sus habitantes: rocas, plantas y animales. Utilizan ingredientes de la naturaleza para confeccionar remedios y en los hechizos, especialmente hierbas y cristales.

Trabajan para proteger el medio ambiente e intentan vivir en armonía con toda la creación. Pueden interactuar con los devas, los elementales o los espíritus que custodian la naturaleza. Utilizando su intuición, crean un canal de comunicación entre el mundo natural y el humano. Una bruja verde suele trabajar sola con la naturaleza como compañera.

Históricamente, las brujas verdes vivían apartadas de la comunidad. Los que necesitaban los servicios de una bruja de este tipo viajaban a verla, tal vez en lo alto de las colinas o en la linde del bosque. Utilizaba las propiedades de las plantas y los árboles que la rodeaban para curar a los demás. Hoy en día, es más probable encontrar a una bruja verde viviendo en el centro de una ciudad o en los suburbios, y es probable que su jardín sea pequeño, tal vez sólo algunos recipientes en un porche o un "invernadero" en la ventana de la cocina. "

. . .

Puede que trabaje en una oficina, en ventas o en el sector servicios. Tal vez se dedique a la medicina. O es profesora o madre a tiempo completo. La bruja verde de hoy entiende que no puede restaurar el equilibrio de la naturaleza aislándose en la naturaleza, sino que debe llevar sus conocimientos y dones al resto del mundo. Las ciudades, las autopistas y las zonas deforestadas -lugares en los que la humanidad ha dañado la naturaleza- necesitan los poderes curativos de la bruja verde.

Vivir la senda verde

Una bruja verde no se define por el lugar en el que vive o por lo que hace para llevar a casa un cheque. Tampoco se limita a trabajar con flores, árboles y hierbas. Lo que hace a una bruja verde es su relación con el mundo que la rodea, su ética y su afinidad con la naturaleza. No se limita a practicar la brujería verde, haciendo pociones y lociones, bálsamos y tés curativos, sino que *vive* el camino verde.

El camino de la bruja verde combina aspectos tanto de la brujería como del chamanismo, pero no es totalmente ninguno de ellos. Es un camino intensamente personal que integra la capacidad, los gustos y disgustos, el clima de un lugar geográfico concreto y la interacción con la energía del entorno. La curación, la armonía y el equilibrio son la clave de la práctica y la visión de la vida de la bruja verde. Estos conceptos encarnan tres enfoques distintos:

1. La tierra (su entorno local, así como el planeta)

2. La humanidad (en general, así como su comunidad local, amigos y conocidos)

3. Tú misma

Si decides cultivar tu propio huerto, instalar paneles solares en tu casa, recoger la basura junto a la carretera o involucrarte en un movimiento para proteger la vida silvestre es algo que depende totalmente de ti. Aunque tiene sus raíces en el pasado, la brujería verde no es una tradición sino una adaptación personal de un ideal. No hay un cuerpo de conocimientos formales que se transmita a través de una cuidadosa formación, ni una mente grupal establecida a la que se esté conectado mediante ceremonias sagradas realizadas por los ancianos.

. . .

El poder de la bruja verde proviene de la participación en el milagro de la vida, de la sintonía con las energías del entorno que la rodea. En lugar de esforzarte por acumular poder, aprovechas los flujos de energía que ya existen en la tierra y a su alrededor. El reto es cómo recorrer un camino verde hoy, en una época de estrés ambiental, industrialización masiva y urbanización.

BRUJAS DE SETO Y BRUJAS DE COCINA

Los términos bruja de seto y bruja de cocina pueden referirse a alguien que sigue un camino espiritual casero, de forma libre, que no puede ser claramente definido o identificado como un camino neopagano existente. En algunos círculos se refieren a una persona que se dedica a una práctica chamánica que implica viajes espirituales o trance (más sobre esto más adelante), a menudo con la ayuda y el apoyo de los conocimientos de hierbas. Una bruja de cocina o de seto también puede ser alguien que sigue un camino espiritual solitario basado en la naturaleza. En épocas anteriores, las mujeres sabias, los hombres astutos y otros practicantes de este tipo se llamaban a veces brujas verdes o brujas de seto; trabajaban para curar a los individuos, las comunidades y cualquier malestar en el mundo natural.

El hogar como santuario

Al igual que la brujería verde, la brujería del seto se basa en la naturaleza. Las brujas de seto suelen ser practicantes solitarias, lo que significa que trabajan solas en lugar de con un aquelarre o un grupo de otras personas. Pueden ser autodidactas, pero rara vez se inician públicamente en el campo; es más probable que hayan aprendido el Arte al lado de la abuela o que se hayan introducido en él como una extensión del cultivo de hierbas en el jardín del patio trasero.

El hogar y la casa ocupan un lugar central en su trabajo espiritual y mágico: a menudo las brujas de la cocina trabajan en sus propios hogares, convirtiéndolos en lugares de energía curativa y conocimiento. Sus hogares proporcionan refugio y alimento, tanto para el cuerpo como para el espíritu. El hogar de la bruja del seto es su templo y su santuario, que cuida para que la energía fluya libremente y sin problemas. Busca apoyar, nutrir y alimentar a su familia (y a la comunidad ampliada), tanto espiritual como físicamente. Esa vecina que siempre te hace sentir cómodo y tranquilo en su casa, que te sirve infusiones relajantes y comidas caseras y saludables, podría estar practicando la brujería en la cocina, aunque no lo llame así.

Espiritualidad en el hogar

Encontramos el concepto de hogar como centro espiritual en muchas culturas y a lo largo de muchas épocas. El hogar, y en particular el fogón, ha servido a menudo como punto de conexión entre los dioses y la humanidad. En China, el Dios de la Cocina se considera una deidad doméstica importante, y las familias cuelgan imágenes de papel del dios cerca de sus fogones. En Occidente, las brujas de la cocina utilizan dos símbolos como claves conjuntas: el caldero y la llama.

Tradicionalmente, el caldero representa la abundancia y la hospitalidad. En la magia, también simboliza el renacimiento, el misterio, la creación, la fertilidad, la transformación y el poder femenino.

La llama es un símbolo de la vida, la actividad, lo divino, la purificación, la inspiración y el poder masculino, lo que la convierte en una excelente compañera del caldero.

Un barrido limpio

La bruja de la cocina basa su práctica mágica en sus actividades domésticas cotidianas: cocinar, limpiar, hornear, etc., son la base de su magia. Por ejemplo, barrer el suelo para quitarle el polvo y la suciedad puede limpiar simultáneamente el espacio de energía negativa. Por cierto, esa es la verdadera razón por la que las brujas utilizan escobas, no para volar por el cielo. Aunque solemos pensar que los setos rodean la propiedad, para las brujas el seto es más que una barrera física. Simboliza la protección espiritual contra las tensiones del mundo exterior. También puede verse como una barrera entre el mundo de los humanos y el reino de los espíritus.

WICCA

Las palabras *Wicca* y *witch (bruja)* proceden del término anglosajón *wicce*, que significa "doblar o dar forma".

"Los principios de la Wicca se remontan a la "Vieja Religión" de la Europa precristiana, especialmente la de los primeros celtas.

Sus raíces también se hunden en la prehistoria y en las antiguas diosas de la fertilidad que adoraban los pueblos paleolíticos.

Al escritor Gerald Gardner se le suele atribuir el mérito de haber acuñado el término *Wicca* y de haber impulsado el movimiento moderno en la década de 1950. En los años 60 y 70, cuando surgió el feminismo, la Wicca ganó popularidad porque ofrece mayor equilibrio e igualdad que las religiones patriarcales. Es una de las pocas religiones que honra a una deidad femenina principal; sin embargo, no es necesario ser mujer o feminista para seguir el camino de la Wicca. En la actualidad, la Wicca es uno de los sistemas religiosos de mayor crecimiento en Estados Unidos; incluso está reconocida por el ejército estadounidense.

Como se ha mencionado anteriormente, la gente a veces piensa erróneamente que Wicca y brujería son términos intercambiables. Los wiccanos generalmente practican la brujería, pero las brujas no necesariamente comparten las creencias wiccanas y, por lo tanto, no se consideran wiccanas. En pocas palabras, la Wicca es una religión, como el cristianismo o el judaísmo. Tiene prácticas, creencias y códigos éticos definidos. Sin embargo, dentro de esta religión encontrarás mucho espacio para la expresión personal.

¿Cuántos wiccanos hay?

Según ReligionFacts *(www.religionfacts.com)*, entre 13 millones de hombres y mujeres de todo el mundo se consideran adeptos a la Wicca. Otras estimaciones sitúan esa cifra más cerca de los 800,000. La Universidad de Indiana de Pensilvania sitúa a la Wicca entre los ocho mayores grupos religiosos de Estados Unidos.

Aunque los wiccanos observan ciertas costumbres, rituales y prácticas, la religión es flexible, sin dogmas, sin textos sagrados y sin leyes, salvo una: No hacer daño. Los wiccanos siguen lo que se conoce como la triple ley. Esta ley establece básicamente que todo lo que hagas, todas las energías que "emitas", volverán a ti el triple (tres veces) en esta vida o en la siguiente. Por lo tanto, los wiccanos intentan cumplir con lo que se conoce como la Rede Wicca.

La Red Wicca

Cumplid la ley wicca que debéis,
　En perfecto amor y perfecta confianza,
　Ocho palabras que cumple la Red Wicca:
　Y no dañáis a nadie, haced lo que queráis.
　Lo que envías vuelve a ti,
　Así que siempre hay que tener en cuenta la regla de tres.
　Sigue esto con la mente y el corazón,
　Y felices se encuentran, y felices se separan.

Ya existen varias ramas de la Wicca, cada una con puntos de vista algo diferentes.

La Wicca diánica, por ejemplo, tiene un fuerte componente feminista. La Wicca Gardneriana es más formal y jerárquica que otras ramas, y sus practicantes realizan rituales "skyclad" (desnudos). Visite *www.wicca.com* para obtener más información sobre estos y otros tipos de Wicca. Como todos los sistemas de creencias, la Wicca sigue evolucionando, y los jóvenes entusiastas que se acercan a ella hoy seguramente ampliarán sus ideas, prácticas y formas de expresión en el futuro.

. . .

SHAMANISMO

Una de las primeras representaciones de un chamán se encontró en Francia, en la cueva de Les Trois Frères. Con una antigüedad estimada de al menos 15.000 años, la pintura muestra a un hombre disfrazado de bisonte y armado con un arco.

Originalmente, el término *chamán se refería a* un curandero siberiano, pero puede aplicarse a cualquier persona que realice prácticas chamánicas, independientemente de la época y la sociedad en la que viva. En términos sencillos, un chamán es alguien que entiende tanto el mundo de los espíritus como el de la naturaleza, y que utiliza ese conocimiento para proporcionar curación, guía y protección a su pueblo. reinos y animales tótem para asegurar el bienestar de sus tribus.

Caminando entre los mundos

Desde la perspectiva chamánica, el mundo físico es sólo una faceta de la realidad. Existen muchos otros reinos, y es posible viajar a estas otras realidades a voluntad.

Los chamanes han aprendido a borrar las barreras que normalmente separan los reinos físico y no físico para poder "caminar entre los mundos".

Como videntes y adivinos, los chamanes nativos americanos utilizan tambores, danzas, hierbas y sustancias botánicas, ayuno y otras prácticas para inducir estados alterados de conciencia. En estos estados de trance, los chamanes viajan más allá de las limitaciones de la materia y el espacio para adquirir conocimientos, comunicarse con entidades del mundo espiritual, efectuar curaciones y observar el futuro.

Los sueños también permiten acceder a otros niveles de la realidad. Aunque solemos asociar el chamanismo con los nativos americanos, también hay chamanes en muchas otras culturas. Puede que los magos celtas no utilicen el término chamanismo, pero realizan prácticas chamánicas. Exploran lo que se conoce como el Otro Mundo, un lugar no físico de sabiduría, creatividad e imaginación, así como el reino de las hadas.

. . .

A menudo un chamán utiliza una técnica llamada "proyección astral" para visitar otros mundos más allá del terrenal.

Esto permite al espíritu de la persona viajar libremente mientras el cuerpo físico permanece en un estado de trance.

El espíritu también es capaz de abandonar temporalmente el cuerpo durante el sueño y explorar los reinos no físicos.

En estos otros niveles de realidad, el chamán puede encontrarse con espíritus que una vez ocuparon cuerpos humanos, así como con dioses, diosas y otros seres que nunca se han encarnado.

Animales espirituales

Cuando viajan de esta manera, los chamanes a veces buscan la ayuda de los animales espirituales u otros guías para que les proporcionen protección y dirección.

En la antigüedad, la gente de muchas partes del mundo creía que los animales espirituales vivían en un reino invisible que se cruzaba con el nuestro. Estos seres espirituales ayudaban a nuestros antepasados de innumerables maneras, desde la protección hasta la sabiduría curativa o la predicción del futuro.

Los primeros humanos consideraban a estos guías y guardianes animales como una especie de deidades -algo así como los ángeles- y les rendían homenaje.

Las tribus nativas americanas establecían tradicionalmente afinidades especiales con determinados animales, que se convertían en los tótems o animales sagrados de la tribu.

Ayudaban a los guías espirituales personales de los chamanes en el trabajo mágico. Las tribus tallaban tótems con las imágenes de varios espíritus y animales guías como forma de mostrar su gratitud y para solicitar una ayuda continuada en el futuro.

SORCERERS

. . .

Al igual que los chamanes, los brujos entienden que nuestro planeta no es el único reino de la existencia, ni los terrícolas somos las únicas formas de vida inteligente en el cosmos.

Los brujos creen que el universo contiene un número infinito de mundos que esperan ser explorados. Además, son expertos en viajar a estos otros mundos e interactuar con los seres que residen allí, y no necesitan un pasaporte para entrar.

En su libro *The Sorcerer's Crossing (La travesía del brujo)*, Taisha Abelar describe a los brujos como personas cuyo objetivo es "romper las disposiciones perceptivas y los prejuicios que nos aprisionan dentro de los límites del mundo cotidiano normal y nos impiden entrar en otros mundos perceptibles".

"Lo que quiere decir es que nos limitamos con un pensamiento estrecho y condicionado y nos perdemos muchas cosas. Mediante el entrenamiento y la práctica, los brujos desarrollan la capacidad de ampliar su visión más allá de la ordinaria y ver cosas que el resto de nosotros no puede.

Pueden percibir la vida en las rocas y los árboles, así como ver los espíritus que viven a nuestro alrededor. Con la práctica, la hechicera se sintoniza con su cuerpo energético no físico -conocido como el "doble"-, controlándolo y expandiéndolo para lograr hazañas mucho más allá de lo que la mayoría de nosotros consideramos normal. Por ejemplo, una hechicera puede proyectar su doble en un lugar distinto al de su cuerpo físico en un momento dado, de modo que pueda estar en dos lugares a la vez. Mientras está sentada en su escritorio, realizando su trabajo cotidiano, puede estar simultáneamente cantando en un templo de la India o visitando Machu Picchu en Perú.

MAGIA DRUIDA

La palabra *druida deriva de* la raíz indoeuropea *drui*, que significa "roble", así como "sólido y verdadero". "Originalmente, los druidas eran bardos, maestros, curanderos, jueces, escribas, videntes, astrólogos y líderes espirituales de los antiguos celtas. Llevaban a cabo ritos y rituales, veían el futuro, curaban a los enfermos, guardaban la historia de su pueblo y se ocupaban de los asuntos legales de sus comunidades.

Estos sabios eran muy venerados y ejercían una autoridad sólo superada por la del rey.

Gran parte de lo que hoy sabemos sobre los primeros druidas se ha transmitido a través de la tradición oral, el folclore, las leyendas, las canciones y la poesía. Cuando los romanos y el cristianismo entraron en Irlanda y Gran Bretaña, los conquistadores destruyeron a los druidas y su tradición. Por ello, la mayor parte de la historia de los druidas sigue rodeada de misterio.

Los druidas modernos siguen las creencias y prácticas asociadas a sus primeros antepasados. Sin embargo, al disponer de poca información real sobre las antiguas costumbres, los neodruidas interpretan la tradición espiritual mezclando la sabiduría antigua con la contemporánea.

. . .

La reverencia por la naturaleza, el conocimiento de la astrología y la adivinación, la curación y el viaje chamánico siguen formando parte de la práctica druida actual.

Los druidas consideran que los árboles son sagrados. Los robles, en particular, han estado vinculados durante mucho tiempo a la espiritualidad druida. Los rituales sagrados se realizaban -y aún se realizan- en robledales. Los druidas creen que los árboles encarnan la sabiduría que puede transmitirse a los seres humanos. Cada árbol posee ciertas características y propiedades únicas que los druidas utilizan en su trabajo mágico. Por ejemplo, el roble ofrece protección. Los robles dan fuerza y resistencia. Los sauces se asocian a la intuición y a la adivinación; son la madera favorita para fabricar varitas mágicas.

MAGIA CEREMONIAL

La magia ceremonial, también llamada alta magia o magia ritual, evolucionó a partir de las enseñanzas de las primeras escuelas de misterio en varias partes del mundo. Sus practicantes se describen más como magos que como brujas. La Orden Hermética de la Aurora Dorada, una organización que se formó a finales del siglo XIX como sociedad secreta, ha influido mucho en este tipo de magia y en su práctica actual. La filosofía del grupo se basa en la Cábala hebrea y en las doctrinas de Hermes Trismegisto, y se inspira en los sistemas de creencias de los francmasones, los rosacruces, los gnósticos y otros.

Más formalizada e intelectualizada que la Wicca y otros caminos espirituales paganos, la magia ceremonial implica el estudio de la Cábala, la astrología, la alquimia, el tarot y muchos otros temas. Hace hincapié en el uso del ritual y la ceremonia, junto con el entrenamiento mental, para facilitar la iluminación espiritual, la curación, los poderes extrasensoriales y la comprensión del orden cósmico. Carl Weschcke, presidente de la editorial Llewellyn Worldwide, ha llamado a este campo de la magia "tecnología espiritual". "De hecho, si le gustan los sistemas altamente desarrollados, este camino podría ser para usted.

¿Por qué hacer rituales complicados y a veces largos? Los rituales centran la mente y te transportan del mundo cotidiano al mágico, lo que constituye una razón clave para llevarlos a cabo. Los rituales se basan en asociaciones simbólicas que los sentidos y la mente subconsciente del mago entienden intuitivamente. Los gestos, los diagramas, las posturas, las palabras, las imágenes, los sonidos, los olores y los colores desempeñan papeles simbólicos en los rituales y las ceremonias mágicas. La magia ritual a menudo implica prácticas elaboradas y cuidadosamente orquestadas que están diseñadas para varios propósitos. Los rituales de purificación, por ejemplo, limpian la mente, el cuerpo y el campo energético. Los rituales de protección definen el espacio sagrado y evitan que las influencias no deseadas interfieran.

Los propios rituales son actos mágicos.

SEXO MÁGICO

Los ritos, rituales y ceremonias místicas que implican el sexo se han practicado en numerosas culturas, de Oriente y Occidente, desde hace más tiempo del que se puede documentar. Los primeros celtas practicaban la actividad sexual, sobre todo durante la época de siembra de primavera y en Beltane, como una forma de magia simpática para fomentar la fertilidad de la tierra. Las sacerdotisas de los templos de la antigua Grecia combinaban sexo y misticismo. El yoga tántrico canaliza la energía sexual hacia objetivos espirituales y también promueve la salud y la longevidad. En el Gran Rito de la Wicca, una pareja invita al Dios y a la Diosa a entrar en su cuerpo durante el sexo, y el acto se considera sagrado.

La magia sexual puede ser muy divertida, pero ese no es su propósito. En términos sencillos, es una forma de sobrealimentar tu trabajo mágico y generar resultados más rápidamente. Según los principios de la magia sexual, esta fuerza creativa, responsable de toda la vida humana y animal, puede dirigirse para crear abundancia, éxito, curación, crecimiento espiritual, etc., como otros tipos de magia.

Aprovecha la poderosa energía creativa inherente a la actividad sexual para fines específicos distintos de la reproducción humana. Algunas brujas se dedican a la magia sexual, otras no.

Puede añadirse a cualquier otra forma de brujería, magia o práctica espiritual, y puede hacerla cualquiera.

(Para más información, véase mi libro *Magia sexual para principiantes*).

VOUDON O VUDÚ

Cuando la gente oye la palabra *vudú*, suele imaginarse muñecos clavados con alfileres, zombis y horribles rituales llevados a cabo en secreto en la oscuridad. Pero el voudon (o vudú) es simplemente un sistema de creencias. Llevado por primera vez a Haití por esclavos africanos en algún momento del siglo XVI, surgió en Luisiana 200 años después.

El voudon implica la interacción de los humanos con los espíritus. Numerosas deidades y espíritus participan en los elaborados rituales y hechizos del voudon. En una ceremonia tradicional de voudon, los fieles se dejan llevar por el frenesí de la música, los cánticos y las danzas, a veces acompañados de diversas formas de drogas y alcohol. Durante un estado alterado de conciencia, son poseídos por uno de los espíritus y se desploman en el suelo, retorciéndose y hablando de forma ininteligible. Una vez poseído, se cree que el adorador puede conseguir una cura, buena fortuna o algún otro deseo. En algunos casos, se ofrecen sacrificios de animales a los espíritus para ganar su favor.

El lado oscuro del voudon, sin embargo, ha capturado la imaginación del público. Se dice que algunos practicantes convierten a los muertos en zombis, cadáveres reanimados que son esclavos sin voluntad propia. Los extremos de la magia negra del voudon pueden incluir todo el material de las películas de terror, incluido el control sobre otros, los asesinatos rituales y el canibalismo.

SANTERÍA

La palabra *santería, a* menudo conocida como una religión misteriosa cubana, significa literalmente "la adoración de los santos". "Una mezcla de catolicismo y paganismo nigeriano que evolucionó hace siglos, cuando los esclavos yorubas fueron llevados de Nigeria a Cuba, la santería consiste en un panteón de *orishas* que son una combinación de santos católicos y dioses y diosas yorubas. Si te criaste en el catolicismo, puede que encuentres intrigante esta colorida tradición, una forma de incorporar la brujería a la formación y experiencia religiosa que ya tienes.

Cuando un hombre se une a la religión y se convierte en *santero* (o *santera*, si es mujer), acepta "adorar a los santos, observar sus fiestas, obedecer sus órdenes y realizar sus rituales", escribe Migene González-Wippler, autor de *La experiencia de la santería*.

"A cambio de esta sumisión absoluta, obtiene poderes sobrenaturales, protección contra el mal y la capacidad de prever el futuro e incluso de moldearlo según su voluntad. "

Hacer hechizos y practicar la brujería son parte del trabajo de un *santero*. Un *santero* suele tener iconos o estatuas de los *orishas* y otros santos en su altar, junto con flores, un cuenco de agua y una botella de agua de Florida (un tipo de colonia barata que se utiliza en muchos de los hechizos). El lado más oscuro de la santería, conocido como mayombería, es un tipo de magia negra.

Por supuesto, existen muchos otros tipos de brujería y prácticas mágicas en todo el mundo. El camino espiritual polinesio conocido como Huna te enseña a unir tres aspectos de ti mismo y a canalizar tu energía primordial para obtener los resultados que deseas. Los practicantes del antiguo arte chino del feng shui (se pronuncia *fung shway*) utilizan una forma de magia cuando realizan cambios en su casa y lugar de trabajo para atraer dinero, amor, salud, etc. Vayas donde vayas, encontrarás gente haciendo magia y brujería, aunque no siempre lo llamen así.

9

Las estaciones de la bruja

Durante siglos, las culturas que honran a la Tierra han observado el sol mientras viajaba por el cielo (al menos eso parece desde nuestro punto de vista aquí en la Tierra). En lugar de pensar en el año como algo lineal, los brujos lo ven como un círculo. A menudo oirás a los wiccanos, en particular, referirse a él como la Rueda del Año, y dividen esa rueda en ocho períodos de aproximadamente seis semanas cada uno. Cada "radio" de la rueda corresponde a un grado concreto del zodiaco y marca una fiesta (o día sagrado) conocida como "sabbat". "Estos días de alta energía ofrecen oportunidades especiales para realizar hechizos y rituales mágicos.

. . .

La rueda tiene sus raíces en las antiguas fiestas agrícolas que marcaban los inicios, picos y finales de las estaciones. Cuatro de las ocho fiestas están relacionadas con los cuatro grandes festivales del fuego celtas e irlandeses.

Llamados días de "cuartos cruzados", porque marcan el punto medio de las estaciones, estos festivales eran conocidos por los paganos como Samhain, Imbolc, Beltane y Lughnassadh. Los cuatro festivales solares - Yule (solsticio de invierno), Ostara (equinoccio de primavera), Midsummer o Litha (solsticio de verano) y Mabon (equinoccio de otoño)- celebran las fechas en las que el sol entra en 0 grados de los signos cardinales del zodiaco: Capricornio, Aries, Cáncer y Libra, respectivamente.

Incluso antes de los tiempos registrados, nuestros antepasados celebraban estas fiestas. Los antiguos círculos de piedra de Gran Bretaña, como Stonehenge, y las tumbas de paso de Irlanda, como Newgrange, muestran claramente que los primeros pobladores observaban los cambios de posición del sol a lo largo del año. Los romanos celebraban el solsticio de invierno con las fiestas de Saturnalia; los griegos observaban los misterios de Eleusis durante el equinoccio de otoño.

No es casualidad que muchas de nuestras fiestas actuales se acerquen a las fechas en las que los primeros griegos, romanos, celtas y germanos del norte de Europa celebraban estos días especiales. De hecho, todavía disfrutamos de algunas de las mismas costumbres y festividades que nuestros lejanos antepasados, como pronto verás. La Gran Rueda está girando y le espera un viaje mágico.

SAMHAIN

El más sagrado de los sabbats, Samhain (pronunciado SOW-een) suele celebrarse la noche del 31 de octubre, cuando el sol se encuentra en el signo zodiacal de Escorpio.

Más conocida como Halloween o All Hallow's Eve, es la fiesta que la gente suele asociar con las brujas y la magia.

. . .

Sin embargo, la mayoría de las formas en que el público en general celebra este sabbat provienen de conceptos erróneos: es un día solemne y sagrado para las brujas, no un momento para el miedo o el humor.

El significado de la fiesta

Considerado como el Año Nuevo de las brujas, Samhain inicia la Rueda del Año. Por tanto, es una época de muerte y renacimiento. La palabra *samhain* viene del irlandés y significa "fin del verano". "En muchas partes del hemisferio norte la tierra es estéril en esta época. Las últimas cosechas se han arado para obtener abono, y la tierra descansa para prepararse para la primavera.

Para las brujas, Samhain es un momento para recordar y honrar a los seres queridos que han pasado al otro lado. Por eso la gente asocia Halloween con los muertos. No, los esqueletos no se levantan de las tumbas, ni los fantasmas persiguen a los vivos en Samhain, como suelen representar las películas y la cultura popular. Probablemente no te molestarán espíritus inquietos o vengativos, y es muy poco probable que los huesos del abuelo traqueteen por tu salón.

Sin embargo, las brujas pueden intentar contactar con los espíritus de otros reinos de la existencia, o solicitar la guía de los antepasados o los guardianes. El origen de la linterna tiene su origen en la creencia de que los espíritus y fantasmas errantes aparecen en Samhain. El resplandor de la linterna servía de faro para que los espíritus de los difuntos pudieran encontrar el camino; las terribles caras esculpidas en las calabazas pretendían ahuyentar a los espíritus malignos.

Las brujas del suroeste a veces combinan rasgos del Día de los Muertos mexicano con costumbres paganas celtas en Samhain. La gente decora sus altares para marcar el sabbat, a menudo con fotos de sus seres queridos fallecidos. Durante la semana anterior a Samhain, van de casa en casa, visitando los altares de amigos y familiares, rezando y presentando sus respetos. Usted también puede honrar la memoria de sus seres queridos colocando fotos, recuerdos y ofrendas en su altar durante el Samhain.

. . .

Como el velo que separa el mundo visible del invisible es más fino en Samhain, es más fácil comunicarse con los seres del otro lado en esta época. También puedes sacar las cartas del tarot o la bola de cristal durante Samhain, para ver lo que te espera en el futuro.

Formas de celebrar el Samhain

¿Qué sería de Halloween sin disfraces coloridos? Esta práctica tiene su origen en la antigua costumbre de pedir deseos en Samhain, de forma similar a los propósitos de Año Nuevo. Llevar un disfraz es un poderoso hechizo mágico, una afirmación visual de tus objetivos. Ninguna bruja se retrataría como un vagabundo o un fantasma. En su lugar, intenta disfrazarte de la persona que te gustaría ser en el próximo año para aprovechar las energías mágicas de este sabbat.

SOLSTICIO DE INVIERNO O YULE

El solsticio de invierno se produce cuando el sol alcanza los 0 grados del signo zodiacal de Capricornio, normalmente alrededor del 21 de diciembre. Es el día más corto del año en el hemisferio norte. La palabra *solsticio* viene del latín *sol stetit*, que significa literalmente "el sol se detiene".

"También conocida como Yule, la fiesta marca el punto de inflexión en el descenso del sol hacia la oscuridad; a partir de este momento, los días se alargan constantemente durante un periodo de seis meses. Así, las brujas celebran este sabbat como un momento de renovación y esperanza.

El significado de la fiesta

La mitología pagana describe el paso aparente del sol por los cielos cada año como el viaje del Rey Sol, que conduce su brillante carro por el cielo. En la Europa precristiana y en Gran Bretaña, el solsticio de invierno celebraba el nacimiento del Rey Sol. Esta querida deidad traía la luz al mundo durante la época más oscura de todas.

Es fácil ver paralelismos entre el mito de la Antigua Religión y la historia de la Navidad. También se puede ver el tema expresado en la costumbre de encender velas durante Hanukkah y Kwanzaa, ambos caen cerca del solsticio de invierno. En estas prácticas religiosas, la luz simboliza las bendiciones, la alegría y la promesa. Sin embargo, la celebración del Yuletide se remonta aún más atrás, a la antigua observancia romana de la Saturnalia, la fiesta de la deidad romana Mitra, que se celebraba del 17 al 25 de diciembre. El culto *al Sol Invictus*, o "sol invencible", con el que se suele asociar a Mitra, puede ser anterior a los romanos en varios cientos de años. *Formas de celebrar Yule*

Antes de la época victoriana, los cristianos no decoraban sus casas en Navidad con pinos adornados y vegetación navideña. Esa es una costumbre pagana. Como los árboles de hoja perenne conservan sus agujas incluso durante los fríos meses de invierno, simbolizan el triunfo de la vida sobre la muerte. El acebo era sagrado para los druidas. Según la mitología celta, los arbustos de acebo daban refugio a los espíritus de la tierra durante el invierno. Los druidas valoraban el muérdago como hierba de la fertilidad y la inmortalidad. Durante mucho tiempo se ha utilizado en los talismanes como afrodisíaco, tal vez por eso hoy nos besamos debajo de él.

. . .

La quema del tronco de Yule es otra antigua tradición con la que los paganos marcan el solsticio de invierno. En la víspera de Yule, las brujas hacen una hoguera con la madera de nueve árboles sagrados. El elemento central del fuego de Yule suele ser un tronco de roble, ya que el roble representa la fuerza y la longevidad (aunque se puede utilizar cualquier madera). El fuego simboliza el regreso del sol. Después de que el fuego se consuma, quien lo desee puede recoger las cenizas y envolverlas en un trozo de tela. Si se coloca el paquete bajo la almohada, se recibirán sueños que proporcionarán orientación y consejos para el año venidero. La tradición dice que hay que guardar una parte del tronco de Yule y utilizarla para encender el fuego al año siguiente.

Recoger el tronco de Navidad es un ritual en sí mismo.

Si vives en el campo, en una zona boscosa, puede que encuentres el tronco adecuado muerto en el suelo. Si cortas un tronco vivo, hazlo con humildad y una clara intención. Pide permiso al árbol antes de empezar a cortar y deja una ofrenda simbólica (como un cristal especial o un amuleto de hierbas) en su lugar. Elige tu tronco de Yule mucho antes del solsticio de invierno porque necesitará un tiempo para secarse y poder arder correctamente.

IMBOLC, DÍA DE BRIGID, O CANDELARIA

Este sabbat honra a Brigid, la querida diosa celta de la curación, la herrería y la poesía. Favorita del pueblo irlandés, Brigid fue adoptada por la Iglesia y canonizada como Santa Brigid cuando el cristianismo llegó a Irlanda. Su fiesta comienza la noche del 31 de enero y concluye el 2 de febrero, aunque algunas brujas la celebran alrededor del 5 de febrero, cuando el sol alcanza los 15 grados de Acuario.

Esto marca el punto medio entre el solsticio de invierno y el equinoccio de primavera.

En el hemisferio norte, la luz del día aumenta y la promesa de la primavera está en el aire. Empezamos a notar los primeros brotes de nueva vida. Por ello, Imbolc se considera una época de esperanza y renovación.

. . .

El significado de la fiesta

La asociación de Brigid con los fuegos del hogar y la fragua representa tanto el fortalecimiento de la luz del sol como la creatividad. Brigid es una de las diosas de la fertilidad, e Imbolc significa "en el vientre". "En las culturas agrarias, es el momento en que las crías crecen en el vientre de sus madres. Esta fiesta honra todas las formas de creatividad, tanto de la mente como del cuerpo. Las ilustraciones de Brígida a veces la muestran agitando un gran caldero, la herramienta mágica de la bruja que simboliza el vientre y la naturaleza receptiva y fértil de la Divinidad Femenina. Como diosa de la inspiración, Brígida anima a todo el mundo, independientemente de su sexo, a agitar el caldero interior de la creatividad que existe en su interior.

Formas de celebrar Imbolc

Las brujas celebran este radio de la Rueda del Año como una reafirmación de la vida y un momento para plantar "semillas" para el futuro. En consonancia con el tema del fuego de la festividad, puedes encender velas para honrar a Brigid. Llena el caldero con tierra o arena para gatos. El caldero simboliza el vientre de la diosa. Coge nueve velas cónicas y "plántalas" en la "tierra" en forma de espiral, empezando por el centro y continuando en el sentido de las agujas del reloj. Con cada vela, contempla un aspecto diferente de Imbolc:

1. Enciende primero la vela del centro, imaginando que la luz penetra en la oscuridad del invierno.

2. Al encender la segunda vela, da la bienvenida a la primavera que se acerca.

3. Piensa en las posibilidades que encierra la nueva vida y los nuevos comienzos mientras enciendes la tercera vela.

4. Con la cuarta vela, imagina tu propio "renacimiento" y tu relación con la Madre Divina.

5. Al encender la quinta vela, considera las lecciones que te ha enseñado tu camino espiritual. Da las gracias por los retos superados y los conocimientos adquiridos.

6. La sexta vela representa lo desconocido, las lecciones que tienes por delante y todo lo que aún tienes que aprender.

7. Enciende la séptima vela y medita sobre las cosas que deseas cambiar. Pueden ser mentales, físicas, emocionales o espirituales. Piensa en cómo puedes usar tu magia para hacer cambios positivos en tu vida.

8. La octava vela representa las cosas que deseas sanar. Pueden ser dolencias físicas, el sufrimiento del

planeta, desavenencias en las relaciones, etc. Deja espacio para que la curación comience dentro de ti. Libera las viejas heridas y los daños del pasado. Asume la responsabilidad de tu salud. Concéntrese en los mejores resultados posibles para las situaciones que están fuera de su control o influencia.

9. Al encender la novena y última vela, da la bienvenida a la inspiración en tu vida. Canta o toca música. Escribe un poema en honor a Brígida. Pinta un cuadro. Aunque no te consideres especialmente artístico, utiliza la energía de la estación y disfruta del proceso creativo. Crea un amuleto especial o una nueva mezcla de incienso. Sea cual sea el método de expresión que elijas, pide a la Diosa que te inspire y preste su belleza a tu trabajo.

EQUINOCCIO DE PRIMAVERA U OSTARA

Los paganos y las brujas celebran Ostara cuando el sol entra en 0 grados de Aries, alrededor del 21 de marzo. En el hemisferio norte, el equinoccio de primavera anuncia un clima más cálido, días más largos que las noches y el despertar de la vida. El canto de los pájaros llena el aire y los nuevos brotes brotan en las ramas desnudas de los árboles; nacen crías de animales y comienza el reverdecimiento de la tierra. El cristianismo adoptó este alegre periodo del año para la celebración de la Pascua (que suele caer cerca del equinoccio de primavera). Ostara recibe su nombre de la diosa alemana de la fertilidad Ostare; la palabra *Pascua deriva de* la misma raíz. Ambas fiestas celebran el triunfo de la vida sobre la muerte.

El significado de la fiesta

El equinoccio de primavera marca el primer día de la primavera y el inicio de la ajetreada temporada de siembra en las culturas agrarias. Los agricultores labran sus campos y siembran semillas. Ostara, por tanto, es una de las fiestas de la fertilidad y un momento para plantar semillas, literal o figuradamente.

Como el día y la noche tienen la misma duración en los equinoccios, estas fiestas también significan equilibrio.

Formas de celebrar Ostara

. . .

En Ostara, siembra las semillas que quieres que den fruto en los próximos meses. Es un momento ideal para lanzar nuevas iniciativas profesionales, mudarse a un nuevo hogar o comenzar una nueva relación. Si eres jardinero, empezarás ahora a preparar la tierra y a plantar flores, hierbas y/o verduras. Considera las propiedades mágicas de los productos botánicos y elige plantas que representen tus intenciones. Si no tienes espacio para un jardín, puedes plantar semillas en una maceta para simbolizar los deseos que esperas que se hagan realidad en los próximos meses.

Algunas costumbres populares de la Pascua tienen sus raíces en el simbolismo de Ostara. Los huevos representan la promesa de una nueva vida, y pintarlos de colores brillantes implica el aspecto creativo del sabbat. Algunas culturas relacionan la yema dorada del huevo con el sol. Puede que te guste decorar los huevos con símbolos mágicos, como pentagramas y espirales. Los conejos, por supuesto, se relacionan desde hace tiempo con la fertilidad.

Decoración de huevos para Ostara

• • •

El arte popular ucraniano nos ofrece algunos de los mejores ejemplos de decoración ritual de huevos. Los dos tipos principales de decoración se llaman *krashanka* y *pysanka*. *Krashanka* (plural *krashanky*) viene de la palabra *kraska*, que significa "color", y se refiere a un huevo teñido de un solo tono brillante. Se creía que estos huevos tenían poderes mágicos y se solían comer. La gente colocaba las cáscaras bajo los pajares o las guardaba en los techos de paja de sus casas como amuletos protectores contra los vientos fuertes. *Los krashanky* también se utilizaban para curar dolencias físicas.

Un enfermo podía llevar un *krashanka entero* en una cuerda alrededor del cuello, o colocar el huevo en la parte infectada del cuerpo como cura.

El pysanky (plural de *pysanka*), que viene de la palabra *pysaty* que significa "escribir", consiste en decorar el huevo con una variedad de símbolos y una amplia gama de colores. Se creía que proporcionaban protección contra el fuego y los rayos, y se exhibían en el hogar, se llevaban como talismanes y se intercambiaban como regalos. Una antigua leyenda popular afirmaba que el *pysanky* regía el destino del mundo.

. . .

Sólo *el pysanky* podía detener la avalancha de maldad que amenazaba la tierra, y si la gente abandonaba la costumbre, un monstruo vicioso consumiría el mundo.

Puedes crear tu propio *krashanky* mágico cociendo unos huevos. Haz tintes vegetales naturales con col roja (para el tinte rojo), remolacha (púrpura), cáscaras de cebolla amarilla (amarillo), zanahorias (naranja) y espinacas (verde). Combina el material colorante picado con un litro de agua y hiérvelo. Cuela el líquido en un frasco y añade 2 cucharadas de vinagre blanco para fijar el tinte. Sumerge los huevos en el color que hayas elegido, asegurándote de que el líquido cubra los huevos por completo. Cuanto más tiempo estén los huevos en remojo, más profundo será el color; sin embargo, no serán tan oscuros como el propio líquido del tinte. Para obtener un color más intenso, deja los huevos en remojo toda la noche en el frigorífico. Tenga cuidado al manipular los huevos recién teñidos, ya que parte del tinte se desprende.

Después de comer los huevos, quema las cáscaras en un fuego ritual o échalas al agua corriente; da mala suerte tirarlas a la basura.

. . .

Para hacer una *pysanka*, perfora los dos extremos del huevo y sopla con cuidado el contenido. Con un lápiz de cera, dibuja símbolos e imágenes mágicas en la cáscara. A continuación, sumerja el huevo en el tinte: la cera impedirá que el tinte se adhiera a las partes marcadas del huevo. Los diseños de cera serán más claros y destacarán sobre el fondo más oscuro.

Cuando esté satisfecho con su trabajo, deje que la cáscara se seque completamente.

A continuación, puedes eliminar la cera calentando la cáscara del huevo en el horno durante unos minutos y limpiando la cera con una toalla de papel.

BELTANE

Las brujas suelen celebrar Beltane el 1 de mayo, aunque algunas prefieren hacerlo alrededor del 5 de mayo, cuando el sol alcanza los 15 grados de Tauro. Las flores florecen y las plantas comienzan a brotar en los campos. Las abejas transportan el polen de flor en flor aromática. El sabbat recibe el nombre del dios Baal o Bel, a veces llamado "el luminoso". "En gaélico escocés, la palabra *bealtainn* significa "fuegos de Belos" y se refiere a las hogueras que los paganos encienden en este sabbat. Esta antigua festividad ha sido adoptada como el Día de Mayo, y algunos de los antiguos rituales de Beltane (*sin* la sexualidad manifiesta) se siguen celebrando hoy en día.

El significado de la fiesta

Beltane, la segunda fiesta de la fertilidad en la Rueda del Año, coincide con un periodo de fructificación.

ÇPara los paganos antiguos y modernos, esta fiesta honra a la tierra y a toda la naturaleza. En las primeras culturas agrarias, los agricultores encendían hogueras en Beltane y conducían al ganado entre las llamas para aumentar su fertilidad. La tradición de las hogueras de Beltane sobrevivió en Gales hasta la década de 1840; en Irlanda, la práctica continuó hasta mediados del siglo XX; y en Escocia, hasta el día de hoy, la Sociedad del Fuego de Beltane celebra una hoguera anual.

La sexualidad también se celebra en este sabbat: el Gran Rito (la unión sagrada de Dios y la Diosa) ha formado parte tradicionalmente de las festividades de la fiesta. En la época precristiana, los celebrantes de Beltane mantenían relaciones sexuales en los campos como una forma de magia simbólica para fomentar la fertilidad y una cosecha abundante. Se decía que los niños concebidos en ese momento pertenecían a la diosa.

Formas de celebrar Beltane

Lo mejor es celebrar Beltane al aire libre para apreciar la plenitud de la naturaleza. Como Beltane es una fiesta de la fertilidad, muchos de sus rituales contienen simbolismo sexual. El palo de mayo, alrededor del cual bailan las jóvenes, es un símbolo fálico evidente. Las brujas suelen decorar el palo de mayo con flores en reconocimiento a la belleza y la fecundidad de la tierra.

A veces, una mujer que busca pareja arroja una guirnalda circular sobre la parte superior del palo, en señal del acto sexual, como forma de pedir a la Diosa que le envíe un amante. También se puede optar por escribir deseos en cintas de colores y atarlas al árbol. Otro ritual de fertilidad utiliza el caldero, símbolo del útero. Las mujeres que desean quedarse embarazadas encienden un pequeño fuego en el caldero y luego saltan sobre él. Si se prefiere, se puede saltar sobre el caldero para despertar la creatividad en la mente en lugar del cuerpo.

La conexión de Beltane con la tierra y la plenitud hace de este sabbat un momento ideal para realizar magia de prosperidad. Incorpora menta, perejil, lavanda, alfalfa, cedro o planta del dinero en tus hechizos. También es un buen momento para hacer ofrendas de comida y vino a la Madre Tierra y a los espíritus de la naturaleza.

SOLSTICIO DE VERANO O PLENO VERANO

En el hemisferio norte, el solsticio de verano es el día más largo del año. El astro rey ha llegado al punto más alto de su viaje por los cielos. Las brujas suelen celebrar el solsticio de verano en torno al 21 de junio, cuando el sol entra en los 0 grados del signo zodiacal de Cáncer. Es una época de abundancia, en la que la tierra da sus frutos.

El significado de la fiesta

. . .

En las primeras culturas agrarias, el solsticio de verano marcaba un periodo de abundancia de alimentos y una vida fácil. Nuestros antepasados celebraban esta alegre festividad con fiestas y juergas. En este momento, sin embargo, el sol ha llegado a su cúspide y comienza de nuevo su descenso.

El folclore dice que en San Juan abundan los espíritus de la tierra; esta creencia inspiró la deliciosa obra de Shakespeare *El sueño de una noche de verano*. Si lo deseas, puedes entrar en comunión con los elementales y las hadas en esta época. Nuestros antepasados consideraban la víspera de verano como un momento de intensa magia, especialmente para lanzar hechizos de amor. Se creía que las hierbas que se recogían a medianoche en la víspera de verano tenían una potencia inigualable.

Formas de celebrar el solsticio de verano

Al igual que han hecho durante siglos, las brujas celebran hoy el solsticio de verano con fiestas, música, bailes y acciones de gracias. Acuérdate también de compartir tu abundancia con los animales y de devolver algo a la Madre Tierra como muestra de gratitud.

El solsticio de verano es también una buena época para recoger hierbas, flores y otras plantas para utilizarlas en hechizos mágicos. Hay quien dice que si se quiere ser invisible, hay que llevar un amuleto que incluya semillas de helechos del bosque recogidas en la víspera del solsticio. Los hechizos para el éxito, el reconocimiento y la realización también son mejores en el solsticio de verano.

LUGHNASSADH O LAMMAS

Llamada así por el dios celta irlandés Lugh (Lew en Gales), esta fiesta se celebra el 1 de agosto o alrededor del 5 de agosto, cuando el sol alcanza los 15 grados de Leo. Este día de cruce de cuartos cae a medio camino entre el solsticio de verano y el equinoccio de otoño. Según la mitología celta, Lugh es una personificación más antigua y sabia del dios Baal o Bel (que da nombre a Beltane). Lughnassadh es la primera de las fiestas de la cosecha. Los primeros cristianos llamaron a esta fiesta Lammas, que significa "masa de pan", porque el grano se cortaba en esta época del año y se convertía en pan.

El significado de la fiesta

El maíz, el trigo y otros cereales se suelen cosechar en torno a Lughnassadh.

En las culturas agrarias, era el momento de empezar a prepararse para los áridos meses de invierno que se avecinaban. Nuestros antepasados cortaban, molían y almacenaban el grano, enlataban la fruta y las verduras y elaboraban vino y cerveza a finales del verano. La antigua canción inglesa "John Barleycorn Must Die" describe el ritual estacional de convertir el grano en cerveza.

Los primeros paganos vendían sus productos en las ferias de la cosecha y celebraban competiciones deportivas en esta época del año. Esta antigua tradición se mantiene hoy en día en las ferias de campo de las zonas rurales de Estados Unidos.

Formas de celebrar Lughnassadh

Hoy en día, las brujas disfrutan compartiendo pan y cerveza con sus amigos en Lughnassadh, tal y como han hecho durante siglos. Quizá te apetezca hornear pan fresco desde cero o incluso elaborar tu propia cerveza como parte de la celebración. Mientras amasas el pan, añade una judía seca a la masa. Cuando sirvas el pan, a quien le toque la judía en su trozo se le concederá un deseo.

Si quieres, puedes hacer un muñeco de maíz, trigo o paja para representar al Rey Sol.

Para simbolizar la época del año en que sus poderes disminuyen, quema la efigie en un fuego ritual como ofrenda a la Madre Tierra. La costumbre de decorar la casa con mazorcas de maíz secas, calabazas, nueces y otros frutos de la cosecha también está relacionada con Lughnassadh.

· · ·

EQUINOCCIO DE OTOÑO O MABON

El equinoccio de otoño suele producirse en torno al 22 de septiembre, cuando el sol alcanza los 0 grados de Libra. Una vez más, el día y la noche tienen la misma duración, lo que significa un momento de equilibrio, igualdad y armonía. Mabon es también una fiesta de la cosecha, y las brujas la consideran un momento para dar las gracias por la abundancia que ha proporcionado la Madre Tierra.

El significado de la fiesta

Este sabbat marca el último radio de la Rueda del Año.

Desde este día hasta el solsticio de invierno, el camino del astro rey se arquea hacia la tierra. A medida que los días se acortan y se acerca el frío y árido invierno, las brujas reflexionan sobre las alegrías y las penas, los éxitos y los fracasos del año que se acerca a su fin.

. . .

Como todas las fiestas de la cosecha, éste es también un momento para dar las gracias por la generosidad del año y reconocer los frutos de su trabajo.

Mabon es un buen momento para hacer hechizos mágicos que implican disminución o finales. ¿Quieres dejar de lado creencias o comportamientos autodestructivos? ¿Perder peso? ¿Terminar una relación insatisfactoria? Ahora es el momento de romper viejos hábitos y patrones que te han estado limitando. Cualquier cosa que desee eliminar de su vida puede ser liberada ahora de forma segura, antes de que el Año Nuevo comience con Samhain.

Formas de celebrar Mabon

Dado que el equinoccio es un momento de equilibrio, intenta equilibrar el yin y el yang, lo activo y lo pasivo en este día. Busca el descanso y la actividad, la soledad y la socialización en partes iguales. Mabon marca la entrada del sol en el signo zodiacal Libra, que los astrólogos relacionan con la paz, la diplomacia, la armonía y el equilibrio. ¿Estás en desacuerdo con alguien? Si es así, es un buen momento para hacer las paces. ¿Hay algo que le causa estrés? Utilice la energía de este día especial para encontrar formas -mágicas y/o prácticas- de aliviar ese estrés y restablecer el equilibrio en su vida.

Como nuestro planeta sigue girando en una gran rueda alrededor del sol, las estaciones de la bruja te mantienen en sintonía con la tierra y el cielo, incluso si vives en un rascacielos en medio de una ciudad. También te vinculan al pasado, a las tradiciones de tus antepasados y al círculo continuo de nacimiento, muerte y renacimiento.

Conclusión

Al principio de este libro se señaló que existen al menos cuatro definiciones diferentes de bruja en el mundo occidental contemporáneo, y merece la pena destacar el extraordinario poder que poseen en combinación y la notable gama de significados y emociones que abarcan. La figura de la bruja ocupa ahora un espectro que va desde el funcionamiento como la última víctima trágica hasta el funcionamiento como la última encarnación del mal. La definición de bruja como cualquier persona que practica la magia, o dice hacerlo, y de brujería como cualquier tipo de magia, se desarrolló y mantuvo durante muchos siglos como un medio para manchar la magia en general con la mancha del mal y las asociaciones antisociales. Sin embargo, ahora funciona más como un medio para rehabilitar la magia y, por tanto, también para promover formas alternativas de terapia, especialmente en la curación.

Al hacerlo, mezcla las figuras tradicionales de la bruja y el mago de servicio, a veces distinguiéndolas con adiciones como brujas "malas" y "buenas" o "blancas" y "negras", pero a menudo sirve para absolver la palabra "bruja" de cualquier asociación negativa automática. El concepto moderno de brujería como una religión pagana de la naturaleza, que defiende una espiritualidad salvaje y verde de feminismo, ecologismo, humanismo y liberación personal y autorrealización, que se basa en la erudición del siglo XIX, ha producido una constelación de tradiciones religiosas exitosas, viables y (en mi opinión) muy valiosas. Lo que ha caracterizado los juicios de brujas de la Europa moderna como una guerra esencialmente de hombres contra mujeres se ha basado en el hecho indudable de que la figura de la bruja sigue siendo una de las pocas encarnaciones del poder femenino independiente que la cultura occidental tradicional ha legado al presente.

Todos estos usos de la palabra han operado en efecto como estrategias de redención de la misma, desde el miedo y el odio evocados por el cuarto, y quizás más fundamental, empleo de la misma, para significar una persona que usa la magia para dañar a otros. Al

Conclusión

centrarse por completo en ese uso, el libro -como ya debe ser evidente- no ha sido diseñado para restaurar ese miedo y odio, sino para aniquilarlos, proporcionando una mejor comprensión de las raíces de la creencia en tal figura y cómo se desarrollaron en un contexto europeo. Un estudio global de creencias similares ha descubierto que están bien representadas en todos los continentes habitados del mundo y, de hecho, entre la mayoría de las sociedades humanas; aunque no entre todas ellas.

En varios lugares han provocado una caza de brujas de una intensidad y mortandad que iguala o incluso supera a la encontrada en Europa. Esto sigue siendo un tema muy vivo en el mundo actual, y que bien puede estar empeorando. De hecho, una perspectiva mundial hace que Europa parezca bastante típica en sus actitudes hacia la brujería, con dos rotundas excepciones: que sólo los europeos convirtieron a las brujas en practicantes de una antirreligión maligna, y que sólo los europeos representan un complejo de pueblos que tradicionalmente han temido y cazado brujas, y que posteriormente y de forma espontánea dejaron de creer oficialmente en ellas. De hecho, ambos desarrollos se produjeron relativamente tarde en su historia y probablemente se consideren mejor como partes de un único proceso de modernización, impulsado por un espíritu

Conclusión

de experimentación científica. La construcción de la imagen de la religión satánica de las brujas, y los juicios que de ella se derivaron, representaron una aplicación nueva y extrema de la teología cristiana altomedieval, diseñada tanto para defender a la sociedad de una nueva y grave amenaza como para purificarla religiosa y moralmente hasta un punto nunca alcanzado. Su abandono se produjo cuando la realidad de la amenaza no se demostró satisfactoriamente y el impulso de purificación no produjo ninguna mejora convincente. En su lugar, los europeos desarrollaron otra solución final, mucho más radical, para la amenaza de la brujería, desactivando la creencia en ella.

www.ingramcontent.com/pod-product-compliance
Lightning Source LLC
Chambersburg PA
CBHW072019070526
44583CB00015B/1549